高等院校艺术设计专业精品系列教材
“互联网+”新形态立体化教学资源特色教材

构成设计基础

（第二版）

The basis of Composition Design

(Second Edition)

黄 毅 吴化雨 主编
卢 俊 马 楠 闫俊林 副主编

中国轻工业出版社

图书在版编目（CIP）数据

构成设计基础／黄毅，吴化雨主编．—2版．—北京：中国轻工业出版社，2025.9

ISBN 978-7-5184-1888-6

Ⅰ．①构…　Ⅱ．①黄…　②吴…　Ⅲ．①造型设计—高等职业教育—教材　Ⅳ．①J06

中国版本图书馆 CIP 数据核字（2018）第 043525 号

责任编辑：毛旭林　李　红　　责任终审：劳国强　　整体设计：锋尚设计

策划编辑：毛旭林　　　　　　责任校对：吴大朋　　责任监印：张　可

出版发行：中国轻工业出版社（北京鲁谷东街5号，邮编：100040）

印　　刷：艺堂印刷（天津）有限公司

经　　销：各地新华书店

版　　次：2025年9月第2版第14次印刷

开　　本：889 × 1194　1/16　印张：10

字　　数：301千字

书　　号：ISBN 978-7-5184-1888-6　定价：49.80元

邮购电话：010-85119873

发行电话：010-85119832　010-85119912

网　　址：http://www.chlip.com.cn

Email：club@chlip.com.cn

251588J1C214ZBW

前言

本书全面准确在教材中落实党的二十大精神，充分发挥教材的铸魂育人功能，以培养德智体美劳全面发展的社会主义建设者和接班人奠定坚实基础为目标。首先，以建设社会主义文化强国为宗旨，在第二版修订的基础上再次进行了细致的自查工作，全书围绕建设具有强大凝聚力和引领力的社会主义意识形态，牢牢掌握党对意识形态工作领导权的原则进行了修订，更关注中华优秀传统文化在构成设计中的创新性转化、创造性发展，通过学习增强制度自信，文化自信。其次，在加强整体设计的基础上，再次进行全书的系统梳理，力求做到内容准确、思路清晰、重点突出，遵循新时代学生的认知规律，紧密联系学生思想、生活和学习实际，结合中国优秀的传统文化特点及改革开放以来取得的伟大成就，选择适当的融入点和融入方式进行创意思维和表现技能训练教育。

所谓构成，是一个近代造型概念，也是现代造型设计用语。其含义就是将几个以上的单元重新组合成为一个新的单元，并赋予视觉化的、力学的概念。在现代设计的教学中起着举足轻重的作用。本书从系统的构成原理出发，结合实际操作范例为引导，为读者提供一个全面而深入的设计基础学习范本。教材理论联系实际，操作性强，教授方式科学有效。书中采用大量图片配合文字的说明，以图释文，以文析图，相得益彰。图片案例来自于国内外的优秀设计实例和学生课程实践中的范例作品，一方面使本教材的视野开阔，具有一定的前瞻性；另一方面也能立足现阶段国内高等艺术设计教育的实际，因材施教。每一章有相关的知识链接，对该章的抽象学习内容进一步地进行了拓展，以便读者把握重点，提高学习效果。课题思考，则为读者加深对该章知识、内容的理解，以达到巩固知识，促进思考，将知识转化为技能的目的。

本书作者均为具有多年艺术设计教学经验和项目设计工作经验的高校教师，政治合格，三观正确，精力充沛，在不断的学习与实践中提升教书育人素质，是紧跟党的脚步，不忘初心使命以传承红色基因为己任的人民教师。第二章、第四章和第五章由云南师范大学黄毅老师与云南民族大学吴化雨老师编写；第八章、第九章与第十章由云南民族大学卢俊老师编写；第一章、第十一章与第十二章由云南艺术学院的马楠老师编写；第三章、第六章和第七章由云南文化艺术职业学院闫俊林老师编写；全书由黄毅老师拟定提纲和统稿。

在本书编写过程中，编者参考、引用了相关书籍相关网站的部分资料，有些资料列入了参考文献中，还有一部分图片、文字资料未能准确核实来源，难以一一注明作者与出处，在此对这些资料的作者表示衷心地感谢。

由于编者水平有限，疏漏之处在所难免，尚望得到专家、同仁及读者的批评指正。

黄毅

目录

001 第一章 构成与设计概述
001 第一节 设计的概念及其分类
002 第二节 构成的概念
003 第三节 构成课程的学习

005 第二章 平面构成的基本形态要素
005 第一节 点的基本构成
009 第二节 线的基本构成
013 第三节 面的基本构成
017 第四节 优秀作品构成分析

021 第三章 平面构成的形式美法则
021 第一节 平面构成的形式美
023 第二节 平面构成的形式美法则

033 第四章 平面构成的形式
033 第一节 基本单元形与骨格
037 第二节 平面构成的基本形式

050 第五章 从平面到半立体
050 第一节 形体的概念
052 第二节 材料与技术意识
058 第三节 肌理
060 第四节 半立体的浮雕构成

062 第六章 立体构成的基本要素
063 第一节 单体结构
068 第二节 线立体的组合
073 第三节 板立体的组合
076 第四节 块立体的组合
079 第五节 线、板、块的综合构成

081 第七章 立体构成中的空间审美
082 第一节 立体构成的审美原则
092 第二节 立体构成的空间表现

095 第八章 色彩现象及其本质
095 第一节 色彩的现象
097 第二节 色彩的来源
099 第三节 光线和色彩的关系

104 第九章 色彩构成的基础要素
104 第一节 色彩的现象
105 第二节 色彩的属性
109 第三节 色彩的混合
113 第四节 色彩的体系

117 第十章 色彩的对比
117 第一节 色相的对比
120 第二节 明度的对比
127 第三节 纯度的对比
133 第四节 色彩的冷暖对比
136 第五节 色彩的面积与位置对比
137 第六节 色彩对比中的错视现象

141 第十一章 色彩的知觉
141 第一节 色彩的感觉
146 第二节 色彩的心理

150 第十二章 构成在设计中的运用
150 第一节 平面构成在设计中的运用
151 第二节 色彩构成在设计中的运用
153 第三节 立体构成在设计中的运用

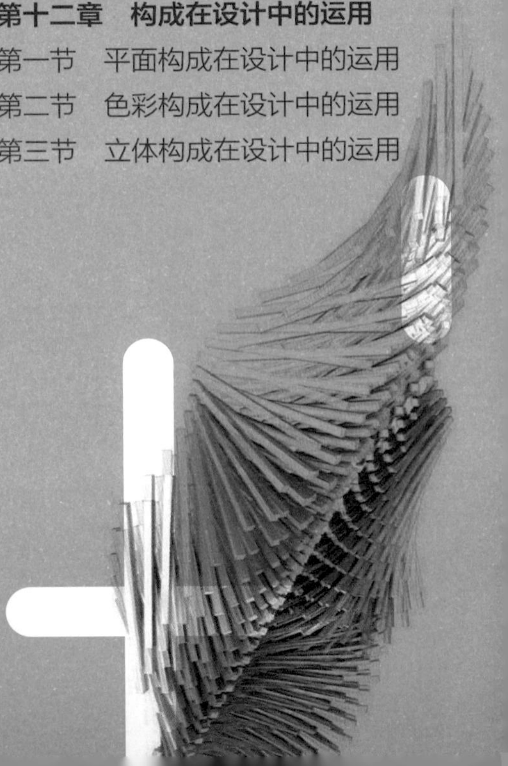

第一章
构成与设计概述

1

人类通过与自然环境和社会环境的联系而获得财富或创造价值，设计就是创造这种价值的行为之一。设计的领域涉及人类一切有目的的活动，而我们所从事的设计事业，是将某种观念实体化的过程，即把思想意图表示成可视的形体和环境。作为艺术设计，就是凭借工业手段的训练，凭借技术知识、经验，赋予材料、结构、构造、形态、色彩、表面加工以及装饰一新的品质和资格，所以构成性就是各种设计专业的基础。

第一节 设计的概念及其分类

一、设计的概念

人类通过劳动改造世界，创造文明，创造物质财富和精神财富，而最基础、最主要的创造活动是造物。设计便是造物活动进行预先的计划，可以把任何造物活动的计划技术和计划过程理解为设计。而艺术设计是把一种计划、规划、设想通过视觉的形式传达出来的活动过程，意指设计师有目的有计划的进行艺术性的创作活动。

同时艺术设计是一门独立的综合性极强的艺术学科，它的研究内容和服务对象，有别于传统的艺术门类，它涉及社会、文化、经济、市场、科技等诸多方面，其审美标准也随着这诸多因素的变化而改变。可以说，它就是将艺术的形式和美感结合社会、文化、经济、市场、科技等诸多方面因素，再现于和我们生活精密相关的设计当中，使之不但具有审美功能，还具有使用功能。换句话说，艺术设计首先是为人服务的（衣、食、住、行、用等），艺术设计应是人类社会一定的物质功能与精神功能完美结合，是现代化社会发展进程中的必然产物。

各个专业虽然对设计知识的着重面不尽相同，但对于“大设计”概念的关于美、节律、均衡、韵律等的要求是一样的。无论是平面的还是立体的设计，考生首先要面对的是一个对所设计对象的理解——对设计对象相关的背景文化、地理、历史、人文知识的理解。

所以设计就是指制造“物品”时为了让它更加美观、实用、协调，而对“物品”的形状、颜色、图案等进行计划、创作。精美的设计，可以让生活变得更美好。

二、设计的分类

设计的门类庞杂，新的设计种类和名称也相继出现，尽管我们可以有很多分类方法，但最重要的原则还是从人们的感知方式着手。我们将其分为四类，如视觉传达设计、工业设计、空间艺术设计和虚拟艺术设计。

艺术设计的分类	视觉传达设计	工业设计	空间艺术设计	虚拟艺术设计
定义	利用文字图形色彩等视觉符号实现意象传达的设计	利用材料、结构、构造、形态、色彩、表面加工以及装饰来解决产品问题的设计	以“空间”为标的物的设计，是人与居住环境互动的设计，其核心是环境艺术设计	集声音、视频、图像、动画等各种信息媒体于一体的信息处理艺术
内容	字体设计、标志设计、版式设计、书籍装帧设计、包装设计、招贴设计、CIS 设计等	交通工具设计、服装设计、家具设计、产品设计等	建筑设计、室内设计、景观设计、公共艺术设计等	网页设计、游戏设计、交互设计、用户界面设计、虚拟现实设计等
主要学科基础	平面构成、色彩构成	色彩构成、立体构成	色彩构成、立体构成	平面构成、色彩构成

第二节　构成的概念

一、构成的来源及定义

“构成”（Construction）一词的来源一般有两种说法：一是来源于20世纪初在俄国兴起的前卫艺术译语中使用的“构成派”“构成主义”“构成艺术”等；另一个是德国包豪斯中GES-TALTUNG的译语词汇“构成”。

所谓构成（包括平面构成、色彩构成和立体构成），是一个近代造型概念，也是现代造型设计用语。其含义就是将几个以上的单元（包括不同的形态、色彩或材料）重新组合成为一个新的单元，并赋予视觉化的、力学的概念。其中，平面构成是以轮廓塑造形象，是将不同的基本形状按照一定的规则在平面上组合成图案。色彩构成是以色彩感觉来塑造形象，是将色彩与形式按照一定的感觉结合组合成一个新的单元。立体构成是以厚度塑造形象，是将形态要素按照一定的原则组合成形体。

平面构成、色彩构成和立体构成在中国艺术教育界被统称为“三大构成”课程，它们起源于1919年德国包豪斯学院的设计课程改革。包豪斯学院（Dasstatiiches Bauhaus）是世界著名建筑师瓦尔特·格罗佩斯在德国魏玛城创立的第一所设计学校，时年35岁的格罗佩斯大胆地在包豪斯学院进行了教学改革，而在当时其他的艺术学院的教学理念仍是19世纪的传统与唯美的艺术古典主义。包豪斯设计学院以鲜明的“功能主义”为设计原则，提出了“艺术与技术相结合”的教育口号，开创并设计了整套崭新的艺术教学计划和理论体系。通过改革，将新的教学计划和理论体系贯彻到日常的教学中，使学生的艺术视觉感知度达到了理性的水平，包豪斯学院也以崭新的教育方法和一流的教授群体为世人所敬佩。如康定斯基、伊顿、克利费宁格、蒙克、莫霍利等一流艺术家都在此校任教，他们也是其崭新的艺术教学计划和理论体系特别是基础课程的改革者和实践者。其中的瑞士画家、美术理论家和色彩学家约翰内斯·伊顿在包豪斯学院开设了基础课程，他的《设计与形态》和《色彩艺术》著作开拓了构成艺术的理论体系。包豪斯学院最终确立了20

世纪的艺术设计理念，奠定了现代艺术设计的基础。

包豪斯学院对平面构成、色彩构成和立体构成的研究既有严格的理论体系，也强调教学和实践的结合，教学里融合了各国前卫艺术的精华，打破了旧有的艺术教学模式，提倡运用不同材质进行概念表现，鼓励学生对色彩的形式想象力进行理性分析和实验，使学生超越旧的经验约束与视觉习惯，培养了崭新的、敏锐的视觉认知能力。

由于战争，“包豪斯”（Bauhaus）设计学院从成立到被迫关闭只有短短的13年时间，却培养出了一批在各个设计领域中出类拔萃的人才，所以说，包豪斯设计学院是现代艺术设计诞生的摇篮。三大构成（平面构成、色彩构成、立体构成）就是在包豪斯设计学院的教学体系中逐渐成熟的，虽然它们当时还没有形成较规范的体系，但是它们对于包豪斯设计学院学生设计实践的开展功不可没。20世纪中叶，日本的艺术设计教育开始引进三大构成教育体系，日本的艺术设计大学不仅把构成教育作为基础课程，而且把它变成一门专业课程进行充实整理，所以日本在三大构成教学领域取得了突出的成绩。三大构成教育自20世纪80年代逐渐成为中国大部分艺术院校共用的艺术基础教学课程。

二、构成与设计的关系

当今社会，人类所处的是一个高度现代化、信息化的社会。新材料、新技术的不断涌现，带来了新的思想和观念，直接影响着人们的生活方式和审美观念。于是人们提出了科学与艺术相结合的观点，这种结合派生出了新的艺术形态，这些艺术形态在艺术设计中无不与平面、色彩或是空间的构成方式有着密切的关系。因此，构成设计的教学对于现代艺术设计而言，是一个首先要解决的基础问题。构成设计基础，是基础，是理念、是方法。

“构成设计”作为设计专业的基础课程，重在培养设计者的形象思维能力和设计创造能力。构成设计强调“自然的分析与研究”“色彩与几何形态的关系”“体积与空间的关系”等概念，从个人的艺术表现转到理性的新媒介的表现上。所以说，“构成”从“平面”与“立体”两个方面来解决一些重要的设计基础问题。

第三节　构成课程的学习

一、构成课的目的和特点

通过构成设计基础的教学，使学生了解构成基础在整个设计领域的地位与作用，能用科学的手段和方法把复杂的图形、色彩和空间现象还原为基本要素，并利用各个设计元素按一定的规律去调和构成各要素之间的相互关系，创造出新的形式、新的感觉、新的空间。同时掌握构成理论知识，培养学生对视觉形式的创造性思维方式。

	（1）	（2）	（3）
构成设计基础课的作用	培养创造性思维方式	认识物质是要素组合而成的观念（现代分析学）	掌握造型规律，提高设计水平
构成设计基础课的特点	以几何学为主对形态的研究	非目的性创作方式，“以量变促质变”	强调动手能力的培养，“大作业量强化教学”

二、构成课的学习方法

“构成设计基础”不是技术的训练，也不是模仿性的学习，而是引导学生通过有效的方法，在艺术设计的过程中，主动把握限制的条件，有意识去组织与创造，在无数次反复的艺术设计练习中，获得能力的训练、创造思维的育成。也就是说，构成设计基础的教学，是以培养学生的创造意识、创造能力为基本原则的。在艺术设计教育中，构成设计所涉及的形态美学和形态构成原理不仅是现代设计理念上所表现出来的基本艺术规律，而且具有现代艺术设计的基础特性，这种特性对于受教育者在设计艺术形态的探索和美学规律的把握创造思维的培养上，起着重要作用。

构成设计基础教学的重点在于方法教学，能力培养。通过完善的教学内容与合理的教学方法，训练学生严密的思考程序与灵活的构想方法，通过审美判断力教学，引导学生对文化、风格的综合性分析与思考，通过构成方法与实践教学，让学生掌握原理与设计实践的关系，开拓和扩展现代艺术与设计的新造型语言。

构成设计基础教学必须要从构成学科的范围及体系入手，以形态学的认识论为切入点，以启发和开拓学生的创意为目的，在教学上力求多样化，使学生从不同的角度来观察、分析和表现创意设计。

1. 理论联系实际的方法

任何学科的学习都离不开理论的指导，而成熟的理论又要靠大量的实践经验来形成。构成设计的基础理论，是汇集了平面、色彩和空间基本知识和与之相关的形态体系而建立起来的，同样也需要理论与实践相结合，并在实践的基础上不断总结和完善。这就要求我们在教学和学习的实践同时，注意理论的学习，使自己的艺术设计修养得到全面提高。

2. 循序渐进的方法

由浅入深，先易后难是学好构成设计的基本途径，这需要一步一个脚印踏踏实实地钻研和把握构成设计的知识和表现技法，才会有所收获和发展，才会为自己今后的专业学习搭建起一套科学而系统的构成设计运用平台。

3. 科学结合的方法

构成设计基础是一门牵涉面很广的学科，要想全面系统地掌握构成设计基础，还需要结合形式美学、物理学、生理学、心理学、逻辑学、光学等学科，综合探讨和研究构成的认识规律和表现规律。

4. 想象力的训练方法

想象力是学习构成设计必须具备的能力之一。从平面的形转为立体的态，还要赋予色彩的感觉，没有想象力是无法实现的。我们需要通过对基础造型的学习和构成的训练，提高设计的转换能力和想象创意能力。

5. 学会观察

观察力是一切视觉活动的必备条件，只有平时注意观察，认真观察，才能有新的发现，深入的发现。

6. 形态的获得

人类与其生存的环境是相互渗透、互为适应的，我们生活中的许多设计都蕴含着人类对自然形态的感受与再创造，也体现了人类对生命的欣赏与追求。同时自然界为设计提供了无可限量的素材，学会观察并发现自然界中的美感，将启发我们的想象，通过构成的设计手段和方法，创造出新的事物。

7. 抽象能力的培养

学习构成设计，必须从抽象入门。抽象是为了追求造型的真谛，因为具象限制了想象，增加了更多的视觉因素，使人对造型的敏锐感减弱，过分关注次要因素，分散注意力。所以，应该尽可能的避免一切具象图形和材料的局限和束缚，加强对抽象能力的培养。

第二章
平面构成的基本形态要素

2

形状与形态虽然都是视觉艺术中对客观物体外观感受的一种概念，但从内涵上却有所差异。"形状"强调的是物象外在形式的具象性，而"形态"则强调的是物象外在形式的抽象性。当"形"的特征保持了物体原有的形、体、质感及其构成规律时，这种形所显示的就是写实形。当"形"离开了原有的组织结构规则时，"形"就越具有抽象的属性。为了区分设计艺术和绘画艺术在目的、功能上的差别，通常把绘画造型中的"形"称为形状，而把构成设计中的"形"称为形态。绘画艺术中所关注的是物象的"形"所产生的美感及形状本身的视觉意义，而构成设计中所关注的是形与形之间的组织结构关系及这种结构关系所产生的节奏感和韵律美。

平面构成研究的对象是形与形之间的组合关系和构成方式，因此，只有抽象出基本的造型元素，才能抛开具体形状的干扰和束缚，最大限度降低"形"自身的人文意义和视觉具象性方面的影响，而专注于超越形态之外的构成规律的研究。

平面构成中的基本造型元素是点、线、面、体，其中构成要素是大小、方向、明暗、色彩、肌理等。以这些基本要素为条件，加以组合构成，便会创造出无数理想的抽象造型。任何形都是点、线、面、体组成的，只要转化为平面构成中能运用的形态，必然是点线面体的具体表现。

第一节　点的基本构成

康定斯基在《论艺术的精神》一书中谈道："点的积极作用经常出现在另一个纯粹的世界——自然里……其自然形态实际上都是微笑的物体，这对于几何学的关系与绘画艺术上的点的情况是相同的。反之，当然可以把整个世界视为一个完整的宇宙构成，这个构成终究是由无数点组成的。但此时的点是还原到根本状态的几何学点，它仍然不失其各种各样的并且是具有规律的形状的、浮游于几何学存在的点的集团。"点是一切物体在视觉上所呈现出来的最小状态，例如地球对于人类来说拥有巨大的体积和空间，但对于整个宇宙来说地球又是极小的微粒。因此，"点"作为基本造型要素，可以是任何物体、任何形态的抽象体。

一、点的概念

从造型设计来看，点是一切形态的基础。在几何学的定义里，点是只有位置而没有大小的，直线与直线相交之处或线段两端便是点的位置。但从造型意义上来讲，点必须是有其形象存在才是可见的，点不具有长、宽、高和厚度，只有位置。因此，点是具有空间位置的视觉单位。

另外，点的概念是相对的、无定性的，点通常是指小的东西，但具体到什么程度才能给人以点的感觉，就必须有环境作衬托。所以，它是相对而言的。比如，芝麻相对于人来说芝麻是点；人相对于大海来说人是点；大海相对于宇宙来说大海是点……从艺术角度来看，如果点不具有特性，便无法作出视觉上的展现，点如果过小轮廓过于模糊，中间如果又有镂空，就更减轻了点的特性。所以，点的轮廓一定要清晰，内部要填充，这样才能不至于混淆点的性质。

二、点的性质与作用

因为点是一个细小的形体，根据这一特点能创造出丰富多彩的新形态，其中单个的点存在具有突出强调的作用，集中人们的视线，形成视觉中心。点是力的中心，当画面上有一个点时，人们会把目光集中到这个点上来，它具有紧张性。点在画面的空间中，具有张力作用。所以说，点的特性与点的多少、大小、形态、色彩、位置有关。

1. 一个点：有很强的视觉吸引力，图形比较简洁，但也是没有方向感的，而位置的不同给人的感受也不同（如图2-1）。

点在中央，平静、集中。点在中间偏上，向上、积极、兴奋。点在中间偏下，低落、压抑。点在左上角，有种从图外飞进画面的运动感。点在右下角，运动落地并终止、稳定不前。点在右上角，给人以指示性方向感。点在左下角，感觉画面的稳定性差。

2. 两个点：因两点之间容易产生连线的感觉（如图2-2），两个实点，一大一小，横放在画面中间，中间间隔一定的距离，给人以由大到小的感觉。一个空心点和一个实心点，两者有一定的间隔放在画面中央，有一种由虚到实的感觉。

3. 三个以上的点（如图2-3至图2-6）：产生线、面的感觉。还可以产生流动感、密集感、疏松感并且产生凹凸、空间、波动的变化。

点的形态不同，给人的感情也不同。

圆形的点：给人以充实、圆满、丰富、圆滑和不安定感。

方形的点：给人以稳重、大方、坚固和笨拙的感觉。

三角形的点：给人以稳定、牢固、多样性的感觉。

多边形的点：尖锐感能产生丰富的联想。

另外，点的周围环境发生改变时，点的性质也随之发生变化。由于点的周围环境对比发生了变化，会增强或丧失点的特性。总之，不同的点给人不同的联想，并给人不同的情感，点的不同形态性质也是不同的。

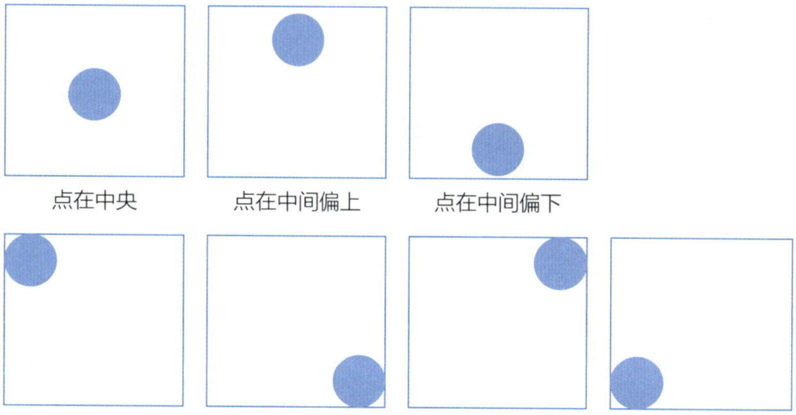

图2-1　一个点的性质和作用

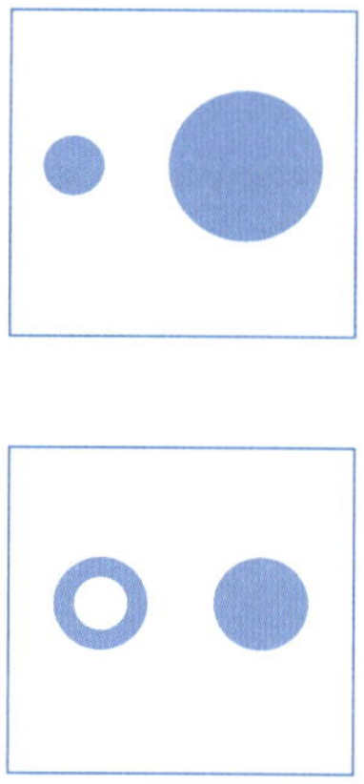

图2-2　两个点的性质和作用

图2-3　多点构成的面化

图2-4　三个以上点构成的空间流动感

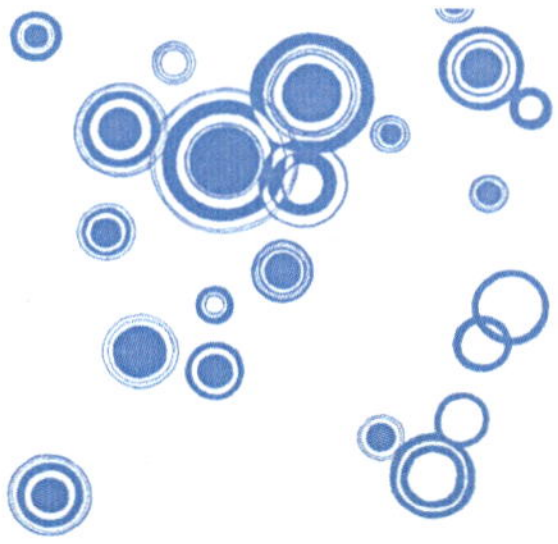

图2-5　点的疏密构成关系1（学生习作）

图2-6　点的疏密构成关系2（学生习作）

三、点的视错觉

错觉就是感觉对客观事物的错误反映。学习错视的目的，一是可以避免设计中由于错觉带来的误导，二是利用错觉进行有一定趣味性的设计。

1. **色感对比的影响：**同等大小的两点，白底上的黑点感觉比黑底上的白点要小，这是由于明度高的色较为醒目（如图2-7）。

2. **周围形态的影响：**同等大小的两点，被大形包围的感觉比被小形包围的小，这是由于在大小对比中处于优势的点更易吸引注意力。同等大小的两点，在角形中处于尖端的点感觉比处于末端的点大，加边框限定的点感觉比自由状态的点大，这都是由于在环境中，有形态对比的点视觉效果较为复杂，易吸引注目。另外，角形和边框可缩小点周围的空间，通过反衬减弱点的性质，加强面的感觉，使视觉效果更明显（如图2-8）。

3. **位置关系的影响：**同等大小的两点，上方的点较下方的点大，这是由于人的知觉顺序习惯为从上到下，从左向右，先看到的点较易吸引注意力（如图2-9）。

四、点的构成方式及应用

点常有的构成方式有三种：等点图形、差点图形、网点图形。

1. **等点图形：**最早把等点运用于画面的，是18世纪印象主义“点彩派”画家修拉，他从色彩混合理论得到启示，运用大小相近的纯红、纯绿等纯色点，组成一幅幅独特的风景和人物画（如图2-10）。另外一个重要人物是康定斯基，他在德国包豪斯学院任教时，丰富了点的内容，他对点的理论和实践，被20世纪中的光效应艺术所继承和发展，他为构形方法增加了新的内容，等点图形的应用被广为流传，一直影响到今天（如图2-11）。

等点构成由于具有很强的重复感，不仅能够产生较好的群体性，形成一定的视觉冲击力，而且还可以构成不同的新图形。因此，在招贴设计与标志设计中，是尤其受到青睐的一种常用手法。如图2-12是一张肯德基的品牌广告，该设计把具体的英文字母作为平面构成中点的基本元素，并且通过等点构成的手法，使其形成点的线化，再由此构成点的面化，整体大方。

2. **差点图形：**由形状、大小不同的点构成一个画

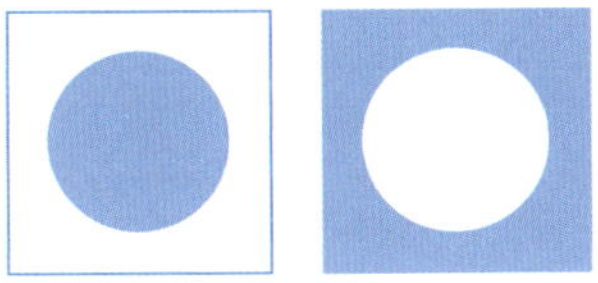

图2-7　点的色感对比关系

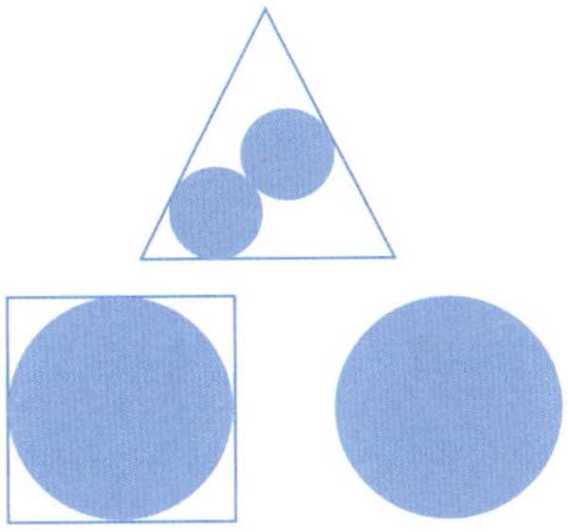

图2-8　周围形态对点形成的错觉

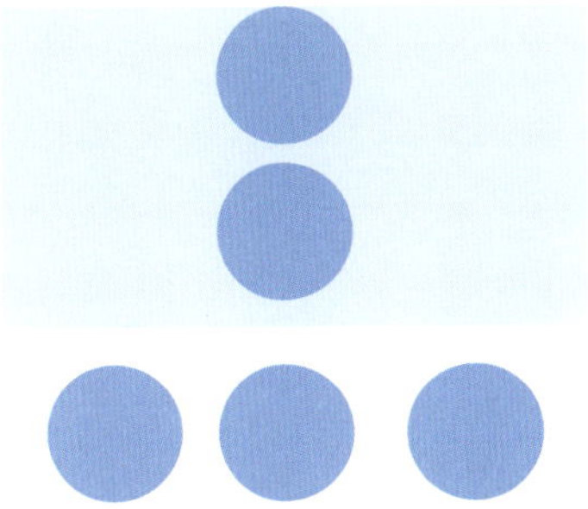

图2-9　位置关系对点形成的错觉

图2-10　修拉《大碗岛星期日的下午》作品局部

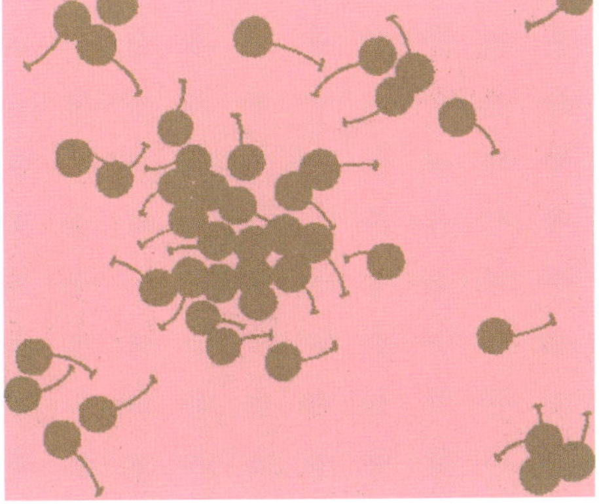

图2-11　等点构成（学生习作）

面。点的大小、形状的不同，可营造出不同的方向感、韵律感、运动感等丰富的变化（如图2-13、图2-14）。

在当今社会，信息、网络的高速发展，人们的步伐越来越快，效率、速度和质量成为检验一个社会发展进步与否的标准。所以，差点图形更加成为当今设计师运用的一个重要手段，差点图形在海报、网页、标志等方面也应用得相当广泛（如图2-15、图2-16）。

3. 网点图形：各种不规则的点按照同一规律间歇重复、增长或减少而构成一个画面，细心的同学一定观察到与我们每天接触的报纸、各类印刷物都是采用这种方法。由于现代技术采用印刷照片的精度发展到相当高的水平，特别是一些精美的印刷物用肉眼是根本看不到的，只有借助于放大镜我们才有可能看到它的排列规律。

网点图形的排列，有一定的秩序性和时空感，并能排列出丰富的肌理效果，是理性与感性完美的结合。在现代设计中的波普艺术，就频频采用网点图形的构图方法创作作品，如图2-17，为纽约里昂·卡斯特里画廊的罗伊·利希腾斯坦展览而设计，该海报是波普艺术的缩影。

图2-12　等点构成的海报设计（网络图片）

图2-13　差点构成的韵律感（学生习作）

图2-14　差点构成的层次感（作者：姚泽恒）

图2-15　差点构成在标志设计中的运用

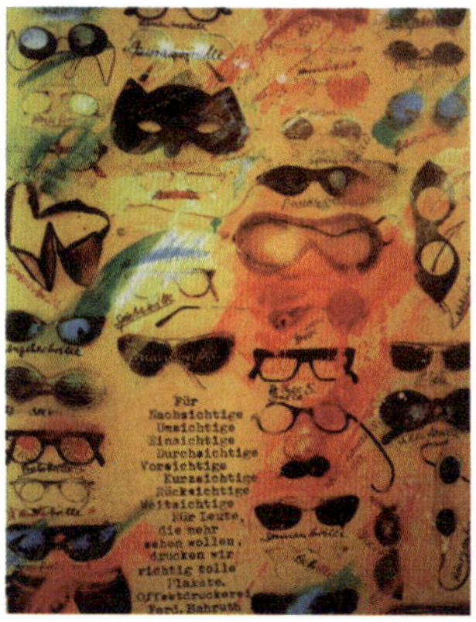

图2-16　差点构成在招贴设计中的运用（网络图片）

图2-17　网点构成在波普艺术中的运用（作者：罗伊·利希滕斯坦）

知识链接

“点”作为平面造型元素的“第一元素”，其意义是广泛的。无论是视觉传达设计、环境艺术设计、服装设计或其他一切设计门类，“点”都可以理解为一个创新设计的开始，正是点线面体的完美构成，造就了所有的优秀设计。在其他造型艺术中，“点”同样扮演着或主角或配角的角色。学习构成艺术，应该博览群书，开阔视野，到中外艺术作品和大自然中去汲取营养和灵感。我们可以在大自然的其他环境中，不经意地寻觅到点的惟妙惟肖……

课堂实训

从生活中寻找一组你感兴趣的物象，观察并感悟它，做点的抽象形的提取想象。

作业要求

运用拍摄的手法，提取你感兴趣的点构成，请注意点构成的规律（大小变化、疏密排列、稳定均衡的力度等）。

例如图2-18、图2-19分别是从大自然的景象中拍摄到的点构成，我们要在这个课堂实训中理解点的抽象性，并且培养自己观察形态的新习惯。

图2-18　点构成的拍摄练习（作者：蒋悦）

图2-19　点构成的拍摄练习（作者：尹梦）

第二节　线的基本构成

一、线的概念

康定斯基在研究线的特征后指出：“在几何学中，线是点运动的轨迹，线产生于运动——而且产生于点自身隐藏的绝对静止被破坏之后。这里有从静止状态转向运动状态的飞跃。”线是点运动的轨迹，线也可以说是点的连续和延长。

在几何学的定义里，线只有位置和长度而不具有宽度和厚度，是一切面的边缘和面与面的交界。线在视觉艺术领域里是最简洁并且最具有情感变现力的造型要素，它具有很强的表形功能和表意功能。

二、线的形态分类

在造型中，线比点更具有感情色彩，它的重要性格主要表现在线的长短、粗细、曲折、加速、减速上。从大的形式感上来看，线可以分为直线和曲线两大类。

直线又包含了：折线、平行线、虚线、交线。

曲线又包含了：弧线、旋涡线、抛物线、椭圆、圆、任意闭合曲线等（如图2-20）。

三、线的性格与情感

不同的线在设计应用中有不同的性格与作用。一般来讲，直线给人以静态的、理性的以及刚强的感觉。例如在20世纪以来的现代主义设计理念中，以强调功能为主的现代设计，就常用到简洁的直线，这是一种趋于理性的表现方式。

直线里面的平行线，给人以平和与稳重的感觉。垂直线，则给人以沉稳与严肃的感觉。向上方的斜线，常代表积极与向上。向下方斜线，常代表消极与向下（如图2-21）。

曲线较直线而言更加浪漫、随意，更能表现出一种阴柔之美（如图2-22）。例如在18世纪的罗可可这种纯粹的宫廷艺术，它不仅带有明显的享乐主义色彩，仔细分析起来，其风格特征多用S形曲线及艳丽浮华的色彩，呈现出阴柔之韵和矫揉造作的气质，曲线在此也将它的性格特点体现得淋漓尽致。

向下弧线表现出下落与沉重的感觉，向上弧线表现出升起与轻盈的特点。旋涡线则表现出眩晕、谜团，抛物线代表着运动与轨迹（如图2-23）。

折线表现出曲折多边、动荡不安的特点（如图2-24），虚线则代表茫然、飘渺、闪动，交叉线常常代表着选择与思考，不规则闭合曲线给人以自由想象的空间，几何曲线代表着规矩、轻松、弹力，几何折线则更加的稳重。

总之，不同形态的线的构成，可以给人以不同的感受（如图2-25）。

四、线的视错觉

线的错视指线与线，或线与其他形构成时相互对照使线的性质与实际情形发生偏差的现象，常见的有长短、曲直的错视。

1. 长度一样的两条直线，由于其他因素的影响，给人长短不同的错觉（如图2-26）。

2. 平行线由于其他因素的影响，给人产生不平

图2-20　线的形态分类

图2-21　直线的性格特点（学生习作）

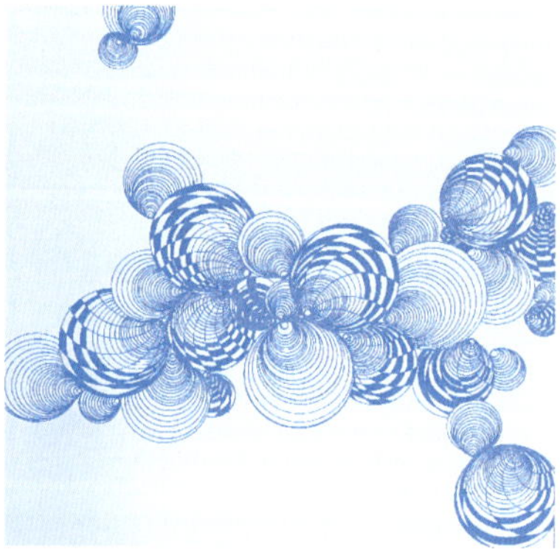
图2-22　曲线的性格特点（学生习作）

图2-23　弧线的性格特点（学生习作）

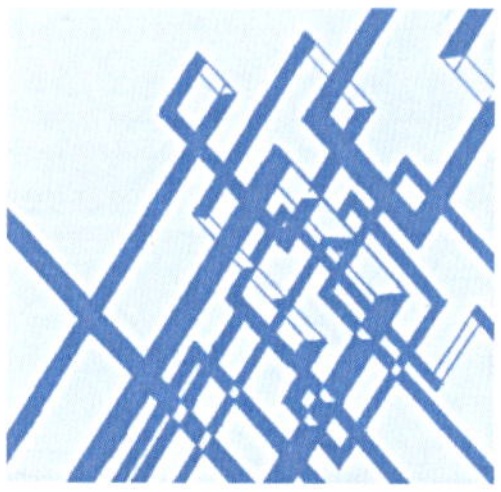
图2-24　折线的性格特点（学生习作）

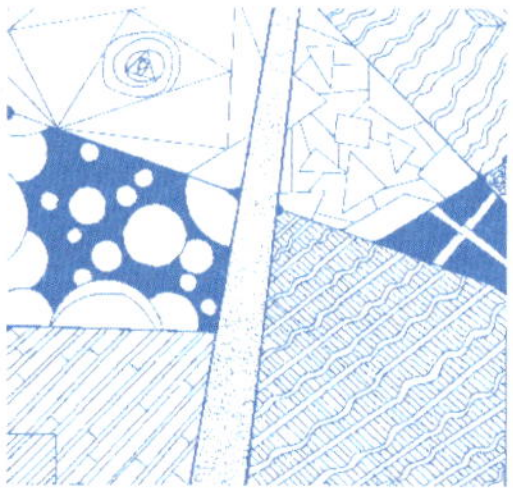
图2-25　不同线形构成不同的感受（作者：刘俊杰）

行的错觉（如图2-27）。

3. 直线由于其他因素的影响，给人产生弧线的错觉（如图2-28）。

五、线的变化方式

由于线的种类丰富，表情特点突出，因此，线的变化方式相对于点和面来说也较为多样化。主要有线的曲直变化、粗细变化、力度变化、不同方向的变化、不同位置的变化以及不同形式线的组合等。

线的风格不同，表达的情感也不同。曲线的组合排列，带给我们的是一种节奏和韵律的美，带给我们审美的快感。粗线条会带来强烈的视觉印象，有些粗线近乎于“面”（如图2-29）。粗线条的线，构筑的画面概括、厚重，有一种强烈的视觉冲击力。利用视觉的连续性，运用短线的感觉，是断断续续、时隐时现的表现对象（如图2-30）。大量运用曲线，塑造出柔美的女性特征，表现出的是富有弹性的、柔和的、梦幻的美。线条简洁、流畅且果断、明确，生动形象地刻画了人物的灵魂特征，表现出线条的稳定性与特殊魅力（如图2-31）。

六、线构成的设计运用

1. **等线图形：**粗细相等的线的排列组合构成的物形，可以是等直线、等曲线、放射线或黑白变化的等线，这种线的组合，能有三维立体感的效果（如图2-32、图2-33、图2-34）。

2. **差线图形：**粗细不同、不规则的线排列、组

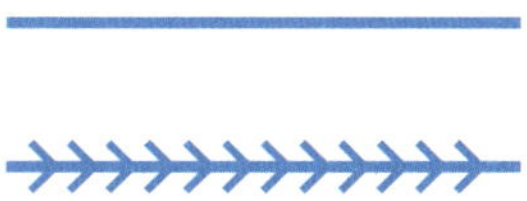

图2-26

图2-27

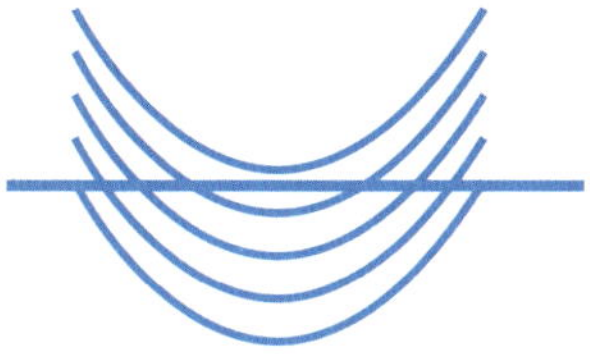

图2-28

图2-29　近似于面的粗线条（学生习作）

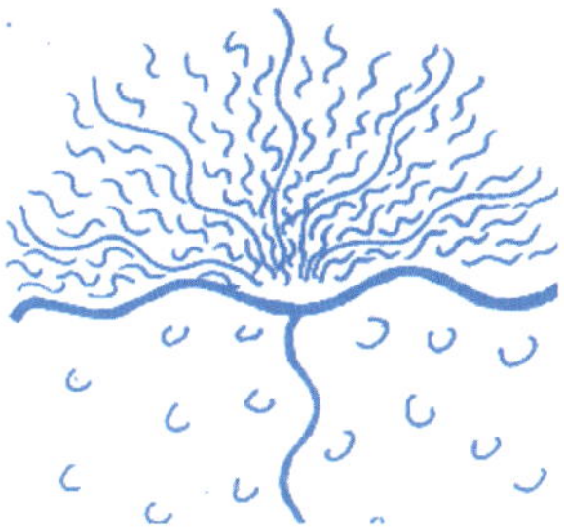

图2-30　短线的连续运用（学生习作）

图2-31　各式曲线的运用（作者：张浩然）

图2-32　等线图形1

图2-33　等线图形2

图2-34　等线图形3

合构成的物体，有丰富的变化，可表现出结构、运动、节奏、空间等方面。

3. 屏线图形：是指线从一端到另一端，呈现继续变粗或变细的排列特征而构成的物形。这样的构成，有速度感和节奏感并且图形非常单纯化、简洁明快，体现了黑、白、灰的明度变化，在标志方面应用广泛（如图2-35、图2-36）。

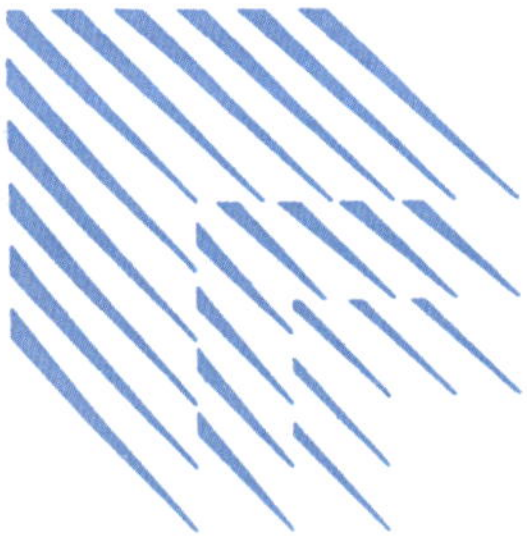

图2-35 屏线图形1

图2-36 屏线图形2

知识链接

"线"其实是表情最为丰富、内涵最为深刻的造型元素，所以在艺术设计中广泛使用。现代设计无不充满了浓郁的"线"的情结，建筑、家具、绘画、书法、民间工艺无处不是"线"在张扬着它的魅力（如图2-37、图2-38）。

图2-37 "海堤与海"（作者：蒙德里安）

图2-38 康定斯基作品

课堂实训

选择4个不同的系列主题，运用不同的线形变化，完成一组线的构成语言练习（比如春夏秋冬、酸甜苦辣、喜怒哀乐……）。

作业要求

例如图2-39，用人的味觉来表现线的性格特征，"酸"的味觉比较跳跃，因此采用了线条中"短"的特性来表达。甜味舒缓温柔，采用了曲线体现味觉的流畅性，而苦则显得压抑郁闷，"辣"具有爆发力和刺激性，所以作者选用了锯齿状的线条通过发射状态来表达。图2-40则是线的性格特征来表达四季变化，"春"季比较温柔，夏季比较厚重，秋季比较浪漫，冬季比较落寞……

图2-39　线的味觉构成（酸甜苦辣）

图2-40　线的四季构成（春夏秋冬）

第三节　面的基本构成

一、面的概念

面从数学的角度上讲是线运动的轨迹，通常情况下，点的密集能成线，线的密集便是面，面给人的感觉是以充实感为主。在平面设计里，面具有两方面的含义，即作为容纳其他造型元素的二维空间和作为基本造型元素的面。

作为造型元素，面是最大的形态，它的大小、位置、形状、虚实、层次在整个构成的视觉效果中是举足轻重，是决定整个设计成功与否的重要元素。

二、面的形态及分类

平面上的形大体可以分为四类，即直线形、曲线形、自由曲线形和偶然形。它们在感情上也各有不同。

1. **直线形：**具有直线所表现的心理特征，能强调垂直线与水平线的效果，有一种安定的、简洁的、有条理的秩序感（如图2-41、图2-42）。

2. **曲线形：**也是几何曲线形，能强调柔软感、有数理性秩序感和一种自由整齐的感觉，但有时会感觉呆板、缺少变化（如图2-43）。

3. **自由曲线形：**一般强调女性的优雅、柔软和魅力，但有时也会显得杂乱无章。所以，自由曲线形要把握好画面的控制和空间分割的控制。自由曲线形也是最能充分体现出设计者个性的一种形式，可以让设计者充分发挥想象力。

4. **偶然形：**它是不能随心所欲而产生的图形，要经过颜料的喷洒、对印、拓印、油水分离等技术手段自然形成的图形。或按照形式美的法则，重新拼贴碎物，形成色块、图形、面积等的对比（如图2-44）。

图2-41　直线形面构成（作者：潘峰）

图2-42　“苏州印象”主题海报设计（作者：霍剑锋）

图2-43　曲线形面构成（学生习作）

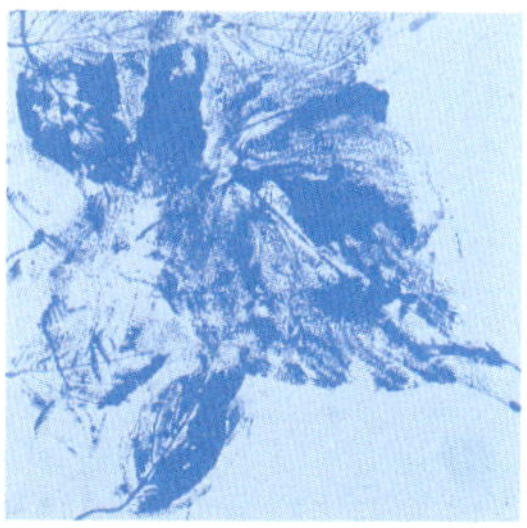

图2-44　偶然形面构成（学生习作）

面是表达感情较丰富的一种形式，它可以利用大小、形状、外轮廓等来表达感情，也可以用调子、肌理、技法来丰富内涵。

三、面的特点及应用

1. 可辨性：“面”在具有可辨性后就称之为形或形象。依据外轮廓的形态，可以分为抽象形、具象形和偶然形。

2. 图与地：实形与虚地，具有相互转换的趣味性。形与地分割了平面的空间，相互衬托。因此，不可只重视实形的面，而忽略地形的作用。1915年，丹麦心理学家鲁宾的反转图形最具代表性（如图2-45）。

在设计实践中表现面时，首先要注意图与地的面积比例。在画面上，成为主要视觉对象的形，就是“图”，而四周衬托的背景部分，就是“地”。“图”有前进而明确表现其形象的特点。“地”因感觉不出其形而易被忽视，但正是其后退感的作用，使“图”醒目、突出。图地关系中“图”一般具有相对面积较小，形象明确，醒目等特性。“地”相对“图”具有面积大，形象不明确，密度低的特性。而在特殊情况下，图与地的区别会呈现不明确的情况，就是“图地反转”的现象，画面上会呈现正形与负形对比效果。正负形是图与地分割平面空间相互衬托而产生的美妙艺术感染力。图与地或者说正形与负形的关系，在平面构成中有如下特点：

（1）凹凸变化中凸出的形象为图。

（2）面积大小对比中，小的为图，是正的形象。

（3）形象明度较高的为图（如图2-46）。

图2-47是日本设计师福田繁雄的代表作之一，这是他在1975年为日本京王百货设计的宣传海报《两个不同性别的腿》，福田利用“图”，“底”间的互生互存的关系，来探究错视原理。作品巧妙利用黑白、正负，形成男女的腿，上下重复并置，黑色“底”上白色的女性的腿与白色“底”上黑色男性的腿，虚实互补，互生互存，创造出简洁而有趣的效果，其手法为“正倒位图底反转”。作品中的男女腿的元素，也成为福田海报中有代表性的视觉符号。

3. 大小面积：大小面形组合在一起时，会有空间感、律动感、节奏感。大的面形在前为主要形象，小的面形在后为次要形象。

四、面的视错觉

由于面所处的环境和明度等差异，在对比的作用下会形成大小、变形的视错觉。

1. 由于图地关系的对比，视平线习惯偏高，上下并置等因素产生面积大小的错视觉（如图2-48）。

2. 两个大小相同的面，白色的面比黑色的面大的视错觉（如图2-49）。

五、面的构成方式

面的构成不如点和线的构成那么简单，而且很

图2-45　鲁宾之壶（作者：约翰逊·笛福）

图2-46　图地翻转（网络图）

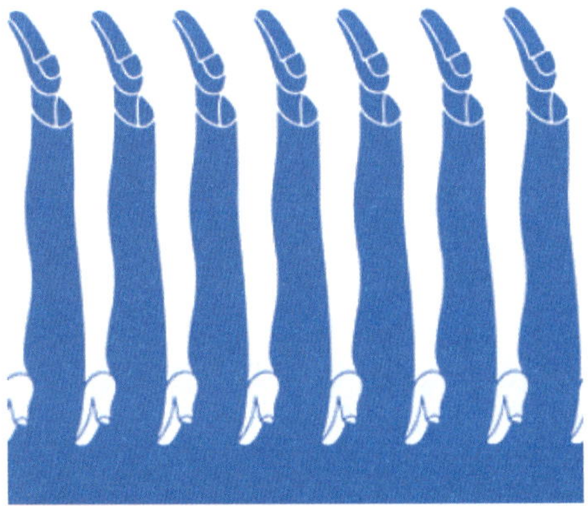
图2-47　《两个不同性别的腿》（作者：福田繁雄）

多时候会涉及图形的创造。它可以利用大小、形状、分割、重叠、皱褶、连接、包围等手法来表达感情，也可以用调子、肌理、技法来丰富内涵。从某种角度来看，一个新型的产生，必须依据一定的原形，并在此基础上进行一定的分割，然后将分割出来的形体进行组合，便可以产生出很多新的面形来。因此，在面的构成中，分割是个非常重要的构成法则。主要有以下几个步骤：

1. 原形的选择

为了易于分割或是在分割以后保持其整体性，对于原形的选择往往运用简洁、完整的造型，如正三角形、正方形、圆形等（如图2-50至图2-52）。

2. 原形的分割

分割线常常会选择比较单纯的线性，比如直线、几何曲线，如果涉及交叉的分割，也建议运用90°、60°、45°等（如图2-53、图2-54）。

3. 新形的重组

新形的组合方式主要采用的是分离、连接、重叠等多种方式（如图2-55至图2-58）。

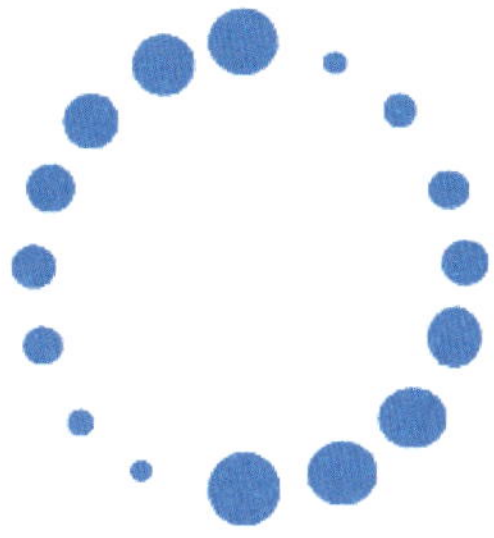
图2-48　面的视错觉1

图2-49　面的视错觉2

图2-50　原形1

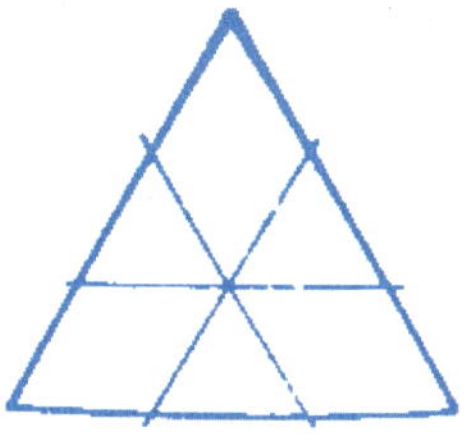
图2-51　原形2

图2-52　原形3

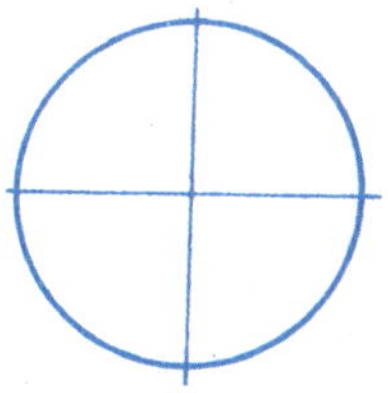
图2-53　原形的分割1

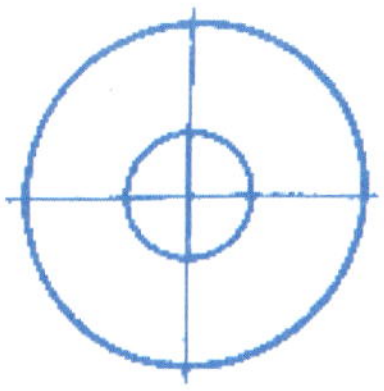
图2-54　原形的分割2

图2-55　新形

图2-56　新形重组1

图2-57　新形重组2

图2-58　新形重组3

知识链接

相对于点和线，面的充实、厚重与安定感是不可替代的。关于面的构成，我们的创意思维应该不仅局限于简单的实面的拼接，而可以充分利用面的虚实、材料的对比。例如，在20世纪初“立体主义”创作方式对我们学习的启示一般，他们常常把要描绘的对象加以“分解”，然后把物体的各个面的形象同时描绘在画布上。这些作品看上去像是一堆块、面杂乱地堆放在一起而构成的。画家们新创出一种以实物来拼贴画面图形的艺术手法和语言，进一步加强了画面的肌理变化，即体现了“面”这一种元素的虚实对比，这种做法在西方艺术史上独树一帜，开创了综合表现手法的先河。同时，我们也进一步理解了面的空间感和丰富性（如图2-59、图2-60）。

图2-59　布拉克艺术作品

图2-60　毕加索艺术作品

课堂实训

以摄影的方式采集面构成画面，并且再进行提炼，培养用点线面的视觉观察习惯，发现生活中的美。例如在建筑中寻找不同的面构成，或是点、线、面的综合构成配搭（如图2-61至图2-64）。

图2-61　线与面的构成拍摄练习1（学生习作）

图2-62　线与面的构成拍摄练习2（学生习作）

图2-63　线与面的构成拍摄练习3（学生习作）

图2-64　线与面的构成拍摄练习4（学生习作）

第四节　优秀作品构成分析

在设计中，常常都能看到点线面在其中的运用，并且按照一定的形式美法则进行有规律的构成。下面，我们将把点线面的构成特点对一些优秀的设计作品作具体的分析。

靳埭强是善于用中国水墨元素来表达更为视觉的一位平面设计大师，而这种视觉的感受或多或少是受日本田中一光、福田繁雄等的影响，开始有意识地把水墨表达成一种视觉符号。图2-65运用了构成设计中点的大小变化与疏密排列，形成了点的面化，差点构成的对比，使整张作品既有主次又有统一性。

图2-66为日本设计师田中一光的海报设计《日本舞蹈》，构成以面为主体，用几何形等分出的形状，严谨而讲究的比例分割。抽象人物形象嘴的表达是大小两个圆的错位，它与脸型结合，制造了画面的节奏感。长久地凝视这张脸，仿佛真能聆听到佳人的莺莺细语。在这组作品中，面的分割与可辨性得到了体现。

图2-67名为《一位清洁工人的自白》的海报设计，这个可实用性海报的灵感来自《Night Haunts：a journey through the London night》中关于清洁工人的章节。描述清洁工人就像街上的一盏路灯和一个垃圾桶，每天目睹了街上发生的事情，却不被路人尊重和感觉到，被社会忽视和排挤，成为社会边缘人。整个海报设计把这章节的23段文字整齐地按逆时针排列丝网印在A0大的黑色垃圾袋上，并抽取文章中出现过14次的清洁工人单词涂改掉，以隐喻他们被这个社会排挤和被边缘化。形式上，这种将图中的字母看点形成了点的线化，进而组成一块一块的灰色面，形成了点的面化构成运用。

图2-68这张海报设计运用大块画面，形成黑白对比，由三个黑瓶和一把钢叉巧妙构成，运用了面构成知识中“图地翻转”要点，整体画面具有双重性的效果，给予人视觉的冲击。

图2-65　差点构成的海报设计

图2-66　以面构成的海报设计（作者：田中一光）

图2-67　点的面化运用构成（网络图）

图2-68　图地翻转的设计构成（墨尔本餐饮协会海报）

保罗·兰德是最杰出的平面设计大师之一，他设计出的作品具有非常强烈的视觉效果，图2-69是于20世纪70年代改进的IBM公司的标志设计，运用了等线构成的波纹效果，不仅突出了当时与时俱进的审美观，还表现了商业机械行业的特点。

图2-70的标志设计中，运用了平面构成中的差点效应，彩色圆点大小有序地变化，营造了空间的进深感，这种手法带来的效果是严肃而前卫。这样排列使整个Logo设计看起来非常平衡。

图2-71至图2-73这组海报，以抵抗动物皮毛制衣为主题，商人和客户常常忽视动物为此遭受的巨大痛苦。三张黑白海报，虽然显示不同动物的插图，但共同点是用粗细不同，不规则的线组合构成，有丰富的变化，可表现出结构与空间，传递出了人们在穿毛皮时可能感觉到的温暖和柔软。动物的眼睛是红色的，这些海报旨在让人们意识到这些动物的疼痛和绝望。

图2-74《平面设计在中国展》是陈绍华的代表作品之一，以黑白两条融为一体的腿正向前迈进的姿势来宣传。“黑腿”以单调简洁的方式来呈现，“白腿” 以点和色彩多元素的形式组成，两个面的相辅相成，分割明确，一目了然能形成对比，使画面具有强烈的视觉冲击力，来揭示传统与现代，东方与西方，文化与经济交流都存在加速发展的默契。

图2-75的海报设计具有极强的构成意味，因此

图2-69　标志设计中的等线构成
（作者：保罗·兰德）

图2-70　标志设计中的差点构成
（网络图）

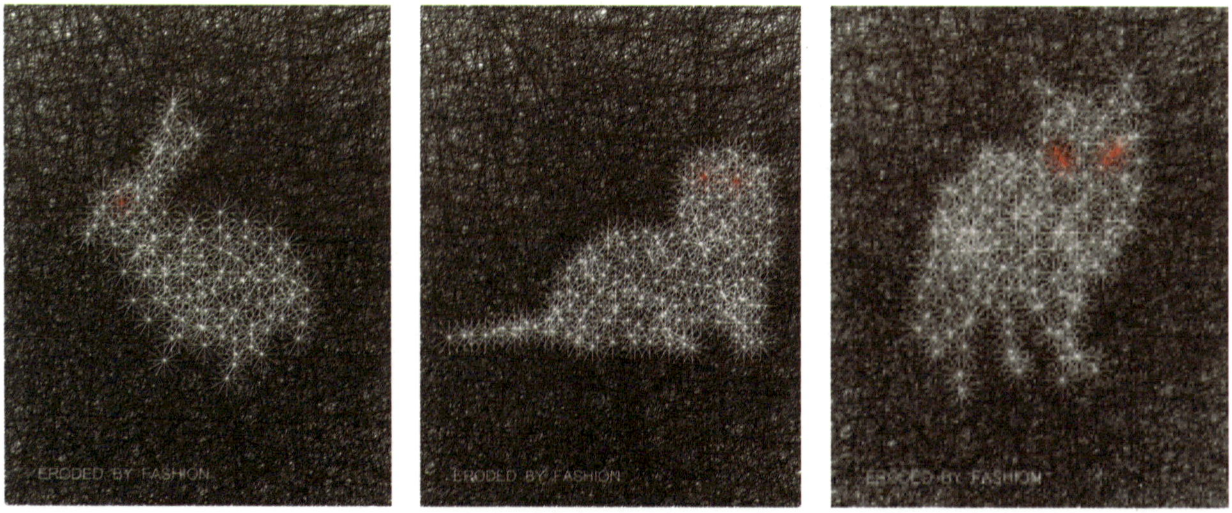

图2-71至图2-73　海报设计中的点、线、面构成（网络图）

画面很有气势，主题是《中国国际海报双年展》，用平面构成中圆点的基本元素，表达了多点子、多创意的意义，采用中国特色——水墨，使得设计具有很强的中国味，上下两种圆点的叠加，意味着中西结合。水墨的多个圆点印在一张纸上，使整张海报有形式、有创意感，主题鲜明。

线的疏密变化形成了空间的深度，线的风格变化形成了不同的视觉语言，用线的方向变化产生空间立体感，用字母组成的线构成了人物的头像。图2-76、图2-77是国外优秀平面设计作品，该设计把具体的英文字母作为平面构成中点的基本元素，使其形成点的线化，再由此形成点的面化，使人物更加具象立体，充分表现出了紧张感。

在图2-78中，作者运用了点线面的组合构成形式来完成，以面的对比来构成灯的视觉冲击力，图中大面积的黑，突出了视觉中心红色灯的外轮廓，黑红的强烈对比再加上（星星）突出强调灯的作用，使视觉中心更加鲜明。灯的里面由点线面构成“千家万户”，让人们感受到“灯”的热情和“世界”的光明。

图2-79是一张恐怖电影的宣传海报，由平面构成的基本造型元素——点线面构成。全图由洞口透出白色的光，给人一种强烈的视觉冲击力。图中运用了面的可辨性特征，巧妙地突出了圆形洞口和三个蘑菇形成了骷髅头的形态，充满设计感的同时也表达了其恐怖的主题。

图2-74　招贴设计中的面构成（作者：陈绍华）

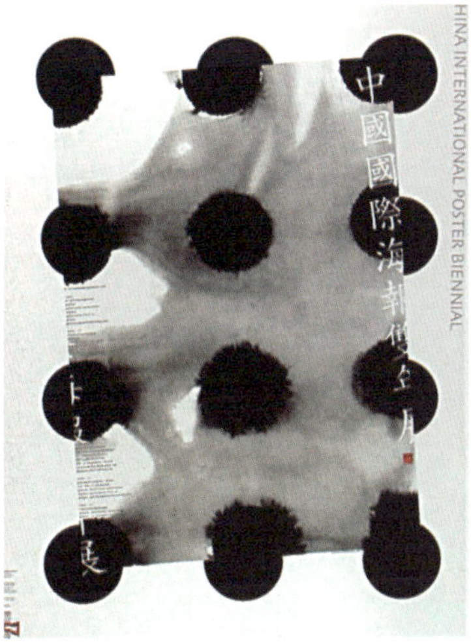

图2-75　招贴设计中的点构成（作者：袁由敏）

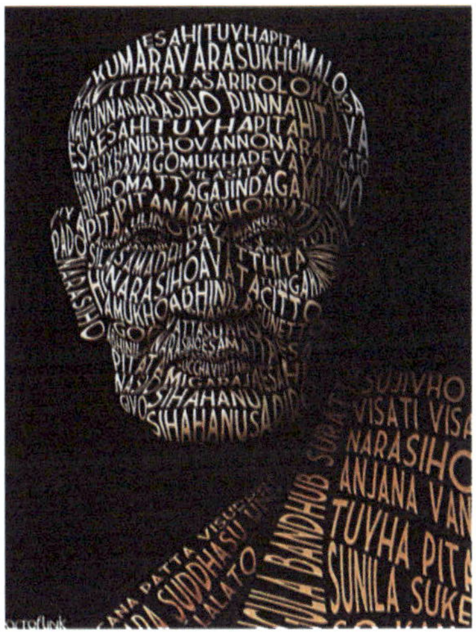

图2-76　点的线化、面化构成运用1（网络图）

图2-77　点的线化、面化构成运用2（网络图）

图2-78　面构成的对比运用（网络图）

图2-79　面的可辨性特征运用（《死神蘑菇》海报）

图2-80运用了点线面和多心式发射，展示了一种既具空间速度感，辐射光芒感，又有强烈的视觉冲击力。直线的粗细变化，长短变化，疏密变化和平行，表现了强烈的运动感。快速有规律的渐层变化，圆的虚实变化，具有强烈的前后空间变化感。

图2-81为靳埭强在举行教学活动时设计的海报《勇破成规》，整张构成采用了粗线条的曲直对比、虚实对比，节奏感强。以留白中潜藏活力，静中寓动，契合图中，重新构成了破旧立新之后的一种动力。虚中有实，静中有动，无为而无不为。

图2-82吴冠中先生力图把欧洲油画描绘自然的直观生动性、油画色彩的丰富细腻性与中国传统艺术精神、审美理想融合到一起，运用中国传统材料工具表现现代精神，并探求中国画的革新。作品《紫禁城》（两件作品）、《故国三千里》三件作品，运用构成艺术中点、线、面的形式语言，特别是构成中面的可变性特征，通过其疏与密、大与小、厚与薄、浓与淡、虚与实等对比，把故宫庞大的气势表现得淋漓尽致。吴老先生2002年出版的《速写意境》中有关作画观察方法的论述："艺术观察有一个核心之宝是错觉，错觉之母是感觉，感觉之母是感情。"从以下作品中能感悟到作者的艺术素养及情感所在。

图2-80　点线面的组合运用

图2-81　线的曲直、虚实对比

图2-82　面的可辨性特征运用（公益广告）

第三章

平面构成的形式美法则

3

第一节　平面构成的形式美

形式美，顾名思义，形式美感。从美学角度讲，任何美的东西都是由美的内容和美的形式所构成的，内容是骨架，形式是皮肤[1]。因此，形式是我们可通过感觉器官（视觉、触觉、嗅觉等）直接感知、直观理解的，属于直觉范畴。究竟什么样的形式我们感知到是美的？

美国直觉心理学家鲁道夫·阿恩海姆："形式美为什么美，在他看来是没有社会内容的，天生就是美的。"[2]确实，稍微留意一下我们所生存的自然界随时可以发现：宇宙天体（如图3-1）、山川湖泊（如图3-2至图3-4）、春夏秋冬，花开花落，我们都能感受并体验到美的存在。可见，我们作为自然的产物、自然的一部分，对于符合自然美规律的事物我们都感觉到是美的。这种美，犹如基因，积淀于

图3-1　神秘、斑斓的宇宙天体（图行天下）

图3-2　梅里雪山"日照金山"自然景观（搜狐）

图3-3　植物与湖面、天空形成鲜明的对比（搜狐）

图3-4　海天一色的青海湖（百家号）

人类身体本身。

我们生存于自然之中，享受自然的美。但我们得以生存，是源于自身的造物活动。我们利用石器，制造工具，从事一系列的造物劳动，无数次的偶然的形式美感的创造，最终会启发人的思维发展，在一系列的适合规律性活动中，培养了人对自然秩序的一种领悟、想象、情感和理解。正如鲁道夫·阿恩海姆所说："那些能突出合规律性的自然形式，如均衡、比例、节奏、韵律可以成为美的对象，是因为这些形式美的法则积淀着社会内容和人的本质力量。"[③]又如：K.R.波普尔《客观知识》中所说[④]："我先是在动物和儿童身上，后来又在成人身上观察到一种对规律性的强烈需求——这种需求促使他们去探寻各种各样的规律。"因此，自然界本身的美被人类所共同感知、所总结，概括为，如节奏、对称、均衡、秩序等形式美规律，这些规律可以超越时代、民族和个性而存在。

平面构成，是将造型元素（点、线、面、基本形等）在二维平面中按照一定的形式构成规律进行创造性的组合、编排，重新塑造出新的视觉形象，达到最佳的视觉效果。因此，平面构成形式美的探讨、学习和研究，是构成设计学习的重要环节。

知识链接

形式美感的产生

内在"自然的人化"是形式美感产生的前提。马克思在《1844年哲学与经济学手稿》中说：人的五官是世界历史的成果。人类的实践活动不同于任何一种动物生存活动的根本分界之所在，就是人在劳动生产中能使用和制造工具。当原始先民制造工具时，就必须注意他们的功能和形态，并把他们连接起来，如能穿刺的尖形、能滚动的圆形等，在对事物的功能形态的把握中，透过形式看到它的价值意义，这就使人的感官更加复杂。因此，美感的产生与发展，离不开人类社会发展的历史过程。

人类通过造物实践使自然人化。所谓自然人化，是指人本身的情感、需要、感知以至器官的人化。两个"自然的人化"都是人类社会整体历史的成果。就人的主体而言，内在自然的人化，又可分为三个领域：一是认识的领域，主要培养人逻辑思维能力；二是意志领域，主要培养人的道德品质、意志能力。三是情感领域，则主要培养人的美感情操审美能力。当然，这三个领域相互作用，相互渗透，统一在人这个整体身上。我们所说的美感，就属于内在自然的人化，它可以分为感官的人化和情感的人化两个方面。

感官的人化，从哲学上讲，就是马克思所说的感性的功利性的消失，或者说感性的非功利性的呈现。情感的人化，即对人的情感的塑造与陶冶。人本来就是具有感性欲望的个体存在。人有"七情六欲"，这是维持人的生存的一个基本需要。反映在设计活动中，一方面，情感的人化积淀为较抽象的和因人而异的审美趣味。另一方面，人类造物从静态成果上见证了自身的本质。

课堂实训

寻找自己身边的美的形式

内容：寻找自己身边的美的形式，自然界中，人造物中，以及从前艺术学习过程中见到的美的艺术作品。

要求与方法：以照片形式进行记录，PPT形式进行陈述自己的观点与见解。

第二节　平面构成的形式美法则

法则是指标准、模式、方法、规则。

形式美法则，是指形式美规律的提取、概括、总结，是形式美感的内在秩序的总结，是偏向于美学层面的规律，是普遍的美学原则。我们在日常的审美程序中都在无意识地遵守、效法。在宇宙世界中，任何客观存在的具体物质都有自己的内在结构，有着自己的内在规律，并且沿着某种秩序在有序演进、发展。人们在日常生活中，只有掌握了这某种规律，顺应发展，才能和谐生存。

平面构成的形式美法则，是指在平面构成设计过程中，运用基本的造型元素（点、线、面、基本形等），遵循、顺应对称、均衡、节奏等形式美规律，创造出符合人类审美意象的新的视觉形象时应该利用和遵守的文法。通过形式美法则的类比联想，我们将平面构成形式美法则归纳为：对称、均衡、韵律、秩序、材质、肌理、比例。

一、对称

对称是指图形或物体相对的两边的各部分，在大小、形状和排列上具有一一对应的关系。对称又可分为：点对称，也叫中心对称，是指把一个图形绕着某一点旋转180°，如果它能与另一个图形重合，那么就说这两个图形关于这个点对称或中心对称，这个点叫作对称中心，这两个图形的对应点叫作关于中心的对称点[5]，如中国传统的“太极”图形（如图3-5），即典型的点对称设计。黑白两个鱼形纹（阴阳鱼）组成的圆形图案，寓意为派生万物的本源。太极图形象化地表达了阴阳轮转，相辅相成是万物生长变化的根源。采用对称的手法，整个结构均衡对称，表明一个稳定的结构其内部能量是均衡的，独立的双方都有均衡的能量和平等的结构地位。太极图形这种展现了一种相互转化，相对统一的形式美。之后又发展成了中国民族图案所特有的“美”的结构。如“喜相逢”（如图3-6）、“鸾凤和鸣”（如图3-7）、“龙凤呈祥”（如图3-8）等都是这种以一上一下，一正一反的形式组成生动优美的吉祥图案。这种“美”的形式也延续到了现代设计中，以太极图及喜相逢的理念设计的“阴阳鱼儿”梳子（如图3-9）、奔驰汽车的标志设计（如

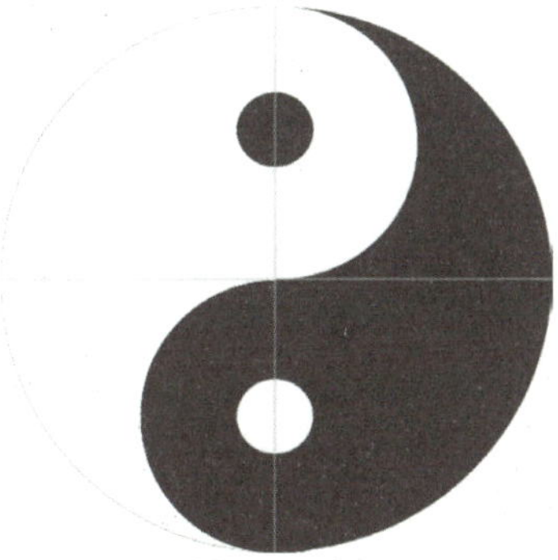

图3-5　点对称的太极图（百度经验）

图3-6　喜相逢（图行天下）

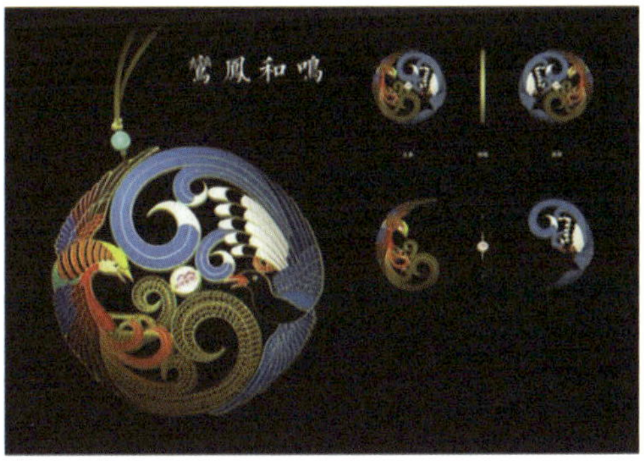

图3-7　鸾凤和鸣（视觉中国设计师社区原点网）

图3-8　中国传统剪纸龙凤呈祥（觅元素）

图3-9　“阴阳鱼儿”梳子（谭木匠品牌）

图3-10）等，也是采用点对称的构图手法来诠释其设计理念。

线对称，也叫轴对称（镜像对称），是指如果一个图形沿一条直线折叠，直线两侧的图形能够互相重合，这个图形就叫作轴对称图形，如人体四肢、五官。正因为人体本身的对称结构，在中国各民族传统的发饰、服饰设计中也较多见这种线对称形态（如图3-11、图3-12）。这种美的形态自然也延续到了现代生活及设计中（如图3-13至图3-15）。

自然界中对称的形态我们随处可见，如自然山水或环境景观的水中倒影；水面上飞舞的蜻蜓原形与水中倒影所形成的"蜻蜓点水"的有趣画面；海鸥掠过水面形成倒影的一瞬间；美丽的蜻蜓、蝴蝶、树叶等形态的对称美，都让我们切身体会到大自然中的自然美。最重要的是，作为自然存在形态之一的人自身，眼睛、鼻子、耳朵、胳膊、腿都是成双成对的存在着。可见，对称是自然形态中最常见的一种形式，也是我们日常生活中最熟悉的一种形式。长期生活于此，我们很容易对对称美产生一种审美定式，对对称的形象产生某种天生的亲切感，最终积淀为某种"集体无意识"。

正是由于这种"集体无意识"，早在人类造物伊始，对称的形式就被广泛应用。远古神话传说伏羲女娲图，采取对称的构图形式，表示伏羲女娲作为人类"想象之神"共同营造日月同辉、阴阳协调的意韵，传达出某种力量的均衡。商周时期著名的司母戊方鼎，作为一种重要的祭祀礼器，是王权的象征，鼎身呈长方形，口沿很厚，轮廓方直，显现出不可动摇的气势。采用对称的造型手法，鼎的整个造型给人以威武、庄重、秩序的感觉。鼎上所修饰的饕餮纹样，同样采用了对称的手法，增加其庄严、稳定、大气、狞厉、神秘的味道。中国北方传统的四合院建筑，平面布局采取对称的形式，布局谨严，秩序井然，体现了端庄、安定、和谐、秩序的美，正厅厢房皆遵循着封建等级礼制。

由此可见，对称这种形式，本身给人以平衡、安静、庄重、安定、典雅、厚重、整齐、有序的视觉和心理感受。因为"对称"产生这样的心理暗示，

图3-10　奔驰车标志设计（官网）

图3-11　中国少数民族服饰的线对称造型（国际在线）

图3-12　对称形态（华夏古玩网）

图3-13　建筑物的镜像对称（百度图片）

图3-14　立交桥的对称（搜狐）

图3-15　平面广告设计中的对称（百度贴吧）

在一定程度上符合“中庸之道”思想，因此，东方美学中更强调对称美。但是，我们知道：凡事过犹不及，过分的对称，如果处理不当，会给人带来呆板、没有活力的印象。

二、均衡

说到均衡，我们很自然会联想到一句名言：“给我一根杠杆，我将撬动整个地球。”这句话出自古希腊物理学家、数学家、静力学和流体静力学的奠基人阿基米德（Archimedes，约公元前287-212年）。我们经过中学物理的学习，都明白，阿基米德这句话的依据是“杠杆原理”，支点两边力乘力臂是相等的。儿时的玩具——跷跷板，秤杆秤砣、天平，同样采用的是杠杆原理，体现了力的均衡。

从哲学角度讲，均衡是指矛盾双方在力量上相抵而保持一种相对静止的状态。矛盾双方的力量此消彼长，绝对静止的状态不可能存在，也就是说，世界上没有绝对平衡的事物，平衡总是相对的。宇宙万物，都以相对均衡的状态而存在，失衡状态下，一方会向另一方倾斜，最终产生新的事物。

从美学角度讲，均衡是指布局上的等量不等形的平衡。包括两种形式：对称均衡和不对称均衡。均衡与对称是互为联系的两个方面，对称能产生均衡感，而均衡又包含着对称的因素在内。对称、均衡组合，是形式美中比较常见的现象。

在自然现象和自然形态中都广泛存在着均衡现象，如自然界白天与黑夜、春夏秋冬四季交替等现象。如大自然鬼斧神工的一些自然形态（如图3-16、图3-16）。按照《黄帝内经》或中国传统中医的理论研究，人类自身的身体也在追求和维持着某种平衡，一旦出现失衡现象，大自然即出现地震、温室效应、厄尔尼诺现象；而人的身体，则出现各种各样的外显疾病。以道法自然、师法自然为创作理念的中国传统绘画、书法绘画中，位置经营，即运用均衡的表现手法，追求“险中求胜”方可“气势撼人”。传统的杂技艺术，也是利用人体

图3-16　自然界中的石头（百家号）

图3-17　自然界中的云彩（搜狐）

图3-18　云南文化艺术职业学院杂技表演1

图3-19　云南文化艺术职业学院杂技柔术表演2

某种力的均衡，创作出丰富多彩的表演形式（如图3-18、图3-19）。因此，某种程度上可以说人类对于均衡感的追求来自我们自身的基因。

均衡主要分为物理上的平衡和视觉上的平衡两种形式，物理平衡是物体实际的物理（重量、质量）平衡，视觉上的平衡主要与心理有关，是一种视觉上的、心理上的平衡感受。在艺术设计中，均衡是指一种视觉因素的稳定，是"异型等量"的，人们可以从物体形的大小、色彩、位置、质感等方面来达到视觉或心理上的平衡。中国两千年前制作的"马踏飞燕"（如图3-20），造型生动，铸造精美，比例准确，四肢动势符合马的动作习性，为中外的许多考古学家和艺术家叹为观止。奔马正昂首嘶鸣，举足腾跃，一只蹄踏在一只飞翔的燕子身上。从力学上分析，《马踏飞燕》为飞燕找到了重心落点，造成稳定性。这种浪漫主义手法，烘托了骏马矫健的英姿和风驰电掣的神情，给人以丰富的想象力和感染力。既有力的感觉，又有动的节奏。骏马体型的每一部分都异常完美而匀称，姿态动感强烈，同时也保持着精确的平衡。雕塑的重心显然经过了极其周密的计算，稳稳地落在踏鸟的一只足上。作为具有三维空间的圆雕作品能取得如此非凡的艺术效果，把奔马和飞鸟绝妙地结合在一起，以飞鸟的迅疾衬托奔马的神速，造型生动，构思巧妙，将奔马的奔腾不羁之势与平实稳定的力学结构融为一体，它所具有的蓬勃的生命力和一往无前的气势同时是中华民族的象征。意大利著名的比萨斜塔（如图3-21），尽管人们至今都弄不清其倾斜的原因，但不得不承认几个世纪以来比萨斜塔缓慢倾斜，它和它地基下方的土层达到了某种程度上的平衡。现代平面设计、景观设计、雕塑设计中也有许多采取此手法而造型的例子（如图3-22、图3-23）。

图3-20　马踏飞燕（图行天下）

图3-21　比萨斜塔（图行天下）

图3-22　平面设计的均衡手法（百度图片）

图3-23　版式设计中的均衡手法（stvvv的微博）

均衡给人视觉上的安定、心理上的平衡感，能产生一种力量的象征。

三、韵律

韵律，指事物不断的重复，但重复之中却有变化、有所发展，即有韵味的规律。韵律是构成系统的诸元素形成系统重复的一种属性，也是使一系列大体上并不相连贯的感受获得规律化的最可靠的方法之一。韵律原是音乐术语，指音律，是抑扬顿挫的声韵和节律，引申为音响的节奏规律[⑥]。在视觉感受中，我们把各种基本形态进行反复排列，使之产生有规律的变化，形成起伏变化而又统一和谐的律动之美。韵律具有音乐美，属于感性范畴。

韵律美首先来自普遍的自然现象。宇宙天体围绕自己的轨道自转公转，产生一种天然的韵律美感；原子中子各自的运动仍然产生一种律动美感；迎风摇摆的麦穗；参差错落的树林，就连广阔无边的沙漠形态也能让我们体会其中的律动美感（如图3-24）。韵律美广泛渗透于人类的生活之中，是生命和运动的形式，在人类的物质生活和精神享受（艺术创作）中，都有其独特的存在。同样，人类在社会实践过程中得到启示，将韵律美逐渐发现、升华，运用在现实生活当中（如图3-25、图3-26）。

当代世界著名小提琴家谢林说：“建筑是凝固的音乐。”德国音乐家普德曼又说：“音乐是流动的建筑。”可见，韵律不仅存在于音乐中，也存在于建筑中。事实上，还存在其他，如舞蹈、美术、摄影、艺术设计等艺术媒介中（如图3-27至图3-29）。

建筑艺术中，万里长城那种逶迤蜿蜒的律动，表现出矫健雄浑、宏伟壮阔的飞腾之势，富有豪放刚毅、轻松流动的韵律之美。江南园林那种虚实相生的律动，建筑实体与自然景物情景交融，错落有致、完美和谐的恬淡大气之感，表现出气脉贯通、优雅别致、温润含蓄的内在气质。悉尼歌剧院（如图3-29）那种宛如群帆的韵致，美的享受不言而喻。

可见，韵律是构成形式美的重要因素。它给人一种轻松、活泼、优雅、生动、别致的视觉体验与心理感受。平面构成中，可以通过造型元素的大小、远近、疏密、虚实、高低、强弱、聚散、明暗等组合，体现构成设计的韵律美。

四、秩序

有一种“秩序感”的存在，它表现在所有的设计风格中，而且，我相信它的根在人类的生物遗传中[⑦]。

图3-24 沙漠的律动感（百度图片）

图3-25 云南红河彝族土掌房的韵律美

图3-26 云南红河元阳梯田的韵律美（搜狐）

图3-27 现代广场空间设计的韵律美

图3-28 平面设计中的韵律美（搜狐）

图3-29 悉尼歌剧院建筑外形的韵律美（百家号）

秩序，意思是有条理的、有组织的安排各构成部分，以求达到正常的运转或良好外观状态。通过对自然界的观察，我们发现大到宏观世界的宇宙天体，小到微观世界的原子、质子，都在遵循着自己的规律，围绕着自己的轨道运转、生存，井然有序。这种秩序本身带有一定的理性美，它不以人的意志为转移。而自然环境与历史文化的类比关系，也必然是人类自身延续与发展的基本规律。在人类进化的过程中，各种秩序先经过适应自然的规则，总结一定的经验而后得到最终确立，成为人造的秩序。我们常说的社会秩序，便是很好的例证。

日常生活中，磁铁对碎铁屑的吸引现象，我们看到，磁铁经过的地方，铁屑都会按一定的顺序与规律进行排列，仿佛等待检阅的士兵，产生一种整齐、理性、规律的秩序美，并且能从中体会人的某种掌控能力（如图3-30）。

著名的秦陵兵马俑，整装待发的威武士兵，采取恢弘的阵列形式，使我们从中体会到壮丽、雄宏的秩序美，并被其声势浩大的气场所感染。同样的艺术表现方式，还体现在如2008年北京奥运会开幕式等诸多场景中，都让我们切实感受到秩序美的成功运用后所能产生的强烈视觉冲击力和营造出惊人的艺术效果。而北京故宫的建筑布局、建筑形态，则是通过创造外在形态的秩序排列，营造封建皇权至上、等级森严的社会内在秩序。

可见，秩序给人以整齐、量化、规律、条理的视觉感觉和心理感。当然，过分的“秩序”会使人产生呆板、麻木、毫无生气的心理感觉。秩序美规律利用得当，才能使设计作品产生美感和强烈的视觉冲击力（如图3-31至图3-33）。

图3-30　磁铁对碎铁屑的吸引现象（搜狐）

图3-31　建筑外观设计中的秩序感1（中广网发 高建业 摄）

图3-32　建筑外观设计中的秩序感2（昵图网）

图3-33　向日葵中的秩序美（搜狐）

五、材质

材质，简单地说就是物体来自什么原料和看起来是什么质地。材质可以看成是材料和质感的结合，是此物体区别于它物体的外在属性，也是物体本身的自然属性。如天然材料：大理石、花岗岩等石器，胡桃木、红柚木等木材。人造材质：玻璃材质、金属材质、陶瓷、不锈钢、铝合金等（如图3-34）。每种材料都有其自己的质感特点，我们对物体材质的把握，是视觉与触觉高度统一的结果。材料的质感包括：软与硬、轻与重、粗糙与光滑等（如图3-35、图3-36）。

天然的材质经过人类的利用逐渐注入社会内容与文化意义，使材料本身也随之具有了某种特殊的心理感应和社会文化意义。如柔软的纤维材质，可以使女性具有柔弱、温暖的象征；而坚硬的石头则有男性刚硬、冰冷的意义。从社会文化意义的角度考虑，如天然木材，可代表环保性材料，因为它属于可再生、可回收资源。对这种材料的使用，可实现人类可持续发展理想、保护环境的理念。作为当代设计师，合理使用这些材料，可以体现其社会责任感。对于动物皮毛这种材质，其光滑、柔软的表面，给人以舒适、温暖的心理与视觉感受。而从社会文化层面，则反映出杀害动物、破坏自然生存秩序等行为（如图3-37至图3-39）。

对各种天然材质和人造材质的理解与分析，有助于我们在设计创作中扬长避短，最大限度地开发利用每种材质的美。

六、肌理

肌理是指物体表面的组织纹理结构，即各种纵横交错、高低不平、粗糙平滑的纹理变化，是表达人对设计物表面纹理特征的感受。一般来说，肌理与质感含义相近，对设计的形式因素来说，当肌理与质感相联系时，它一方面是作为材料的表现形式而被人们所感受，另一方面则体现在通过先进的工艺手法，创造新的肌理形态。不同的材质、不同的工艺手法可以产生各种不同的肌理效果，并能创造出丰富的外在造型形式。即材质偏重于强调物体的本质属性，而肌理偏重于强调人的理性因素。

对于肌理的感受，我们主要通过触觉反馈到大脑之后结合人类的视觉经验，产生的综合性的心理感受。

图3-34　坚硬、理性、工业气息浓重的玻璃建筑外观（搜狐）

图3-35　柔软的羽毛（图行天下）

图3-36　坚硬的石头（搜狐）

图3-37　粗糙的手工纸（搜狐）

图3-38　不同材质组合设计成的椅子（百度图片）

图3-39　传统扎染与铁丝造型的结合

我们在自然界中，感受着无穷无尽的自然肌理美：柔软的沙漠、坚硬的矿石、粗糙的树皮、光滑的肌肤……因此，自然肌理是指自然形成的现实纹理，指天然无加工所形成的肌理。

创造肌理是由人工造就的现实纹理，即原有材料的表面经过加工改造，与原来触觉不一样的一种肌理形式。通过雕刻、压揉等工艺，再进行排列组合而形成。如回收的旧报纸（如图3-40），通过二次制作，可制作出有清晰纹路的瓦楞纸（如图3-41），可以制作出带有暗印花纹的铜版纸，还可以制作出光滑的卡纸、精美的手工纸（如图3-42）。

二维平面中的肌理，主要运用刻画、拼贴、堆叠、镂空、喷溅等手段，改变二维平面表面的肌理特性，创作新的肌理触感与视觉形态（如图3-43至图3-46）。肌理应用恰当，可以使设计具有魅力。另外，肌理的构成形式可以与重复、渐变、发射、变异、对比等形式综合运用（如图3-47、图3-48）。

七、比例

比例，指部分与部分或部分与整体之间的比例关系。即数量之间的对比关系，或一种事物在整体中所占的分量，还是技术制图中的一般规定术语，是指图中图形与其实物相应要素的线性尺寸之比。在数学中，比例是一个总体中各个部分的数量占总体数量的比重，用于反映总体的构成或者结构。两种相关联的量，一种量变化，另一种量也随着变化[8]。

古希腊的毕达哥拉斯学派认为，数学是控制宇宙的力量之一，数学的比例关系决定了事物的构造以及事物之间的和谐，并提出了著名的“黄金分割率”（如图3-49、图3-50），表明一切事物只有达到适度的比例才能达到和谐。后经研究认为，人的身体也存在严格的“黄金分割”的比例关系：头为身体的1/8，肩宽是身高的1/4，伸直两臂的宽度等于身长，人体的中心在肚脐眼，且头顶到肚脐的距离与肚脐到脚的距离比是

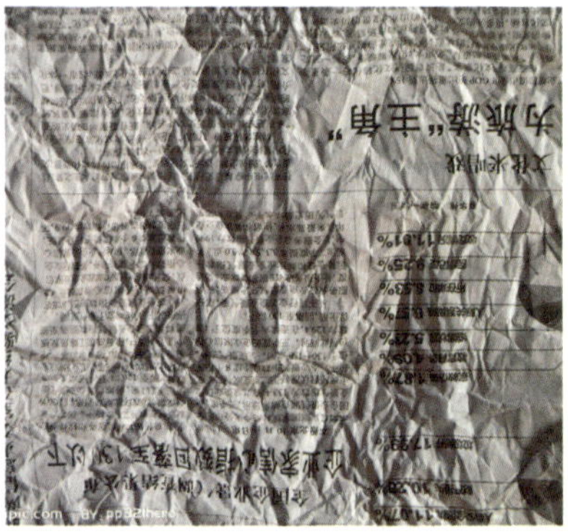

图3-40　纸——报纸

图3-41　纸——瓦楞纸

图3-42　云南手工纸

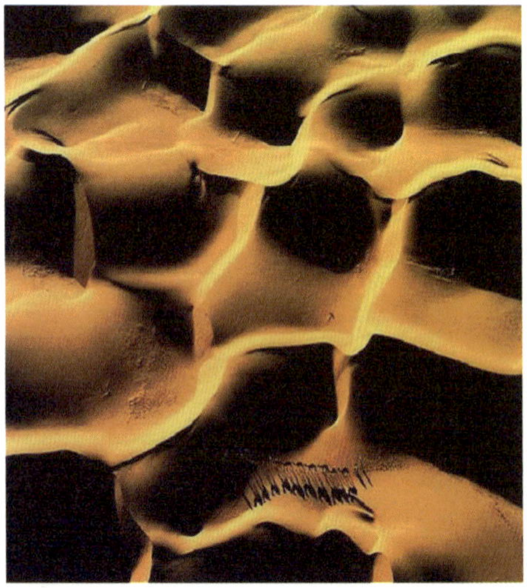

图3-43　各种不同的肌理1（无忧文档）

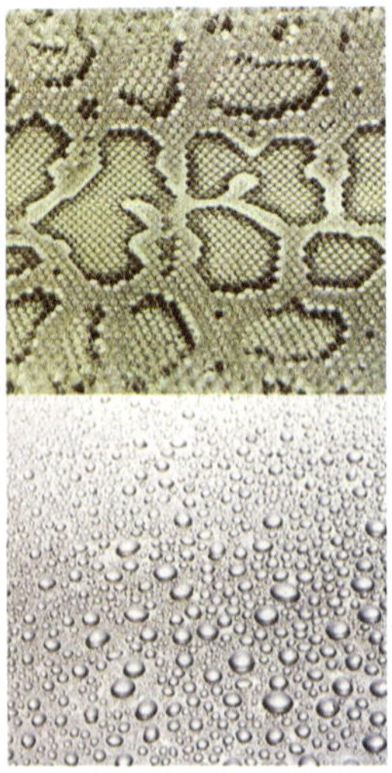

图3-44　各种不同的肌理2（无忧文档）

图3-45　纸经过揉搓后产生的肌理

1/1.618。古希腊人总是以人体比例为出发点去考虑美的和谐问题，雕塑家创作的“大卫”石膏雕像，就是严格体现了“黄金分割”的比例关系，一直以来，被认为是世界上最美、最完美的人（如图3-51）。古希腊著名雕塑维纳斯（如图3-52），也体现了如此的比例关系。作为人类奇迹之一的古埃及金字塔，其中也蕴含了黄金比例关系。如一个金字塔五角塔的任何一边长度都等于这个五角形对角线的0.618。还有，底部四个边的总数是36524.22寸，这个数字等于光年的100倍！这组数字十分有趣，0.618的倒数是1.618。譬如14/89＝1.618、233/144＝1.618，而0.618×1.618等于1[⑨]。

比例除运用于数学领域外，还常常被运用于建筑、家具、绘画及艺术设计领域。如图3-53著名的东方明珠塔，塔高462.85米，设计师在295米处

图3-46 刻画肌理（百度图片）

图3-47 日本庭院景观枯山水的肌理（华奇网）

图3-48 “枯山水”室内墙面（中华建材网）

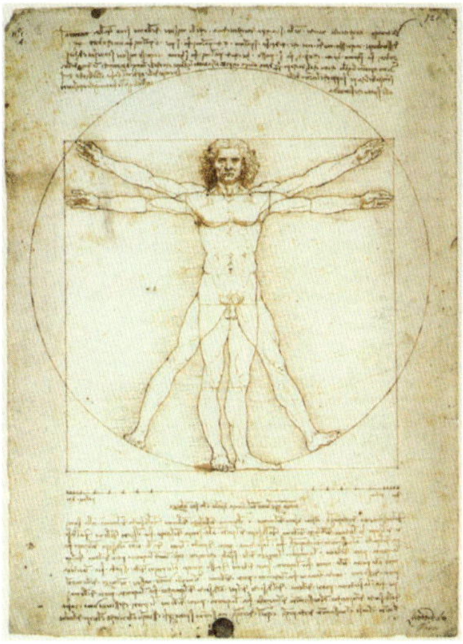

图3-49 人体比例素描手稿（搜狐）

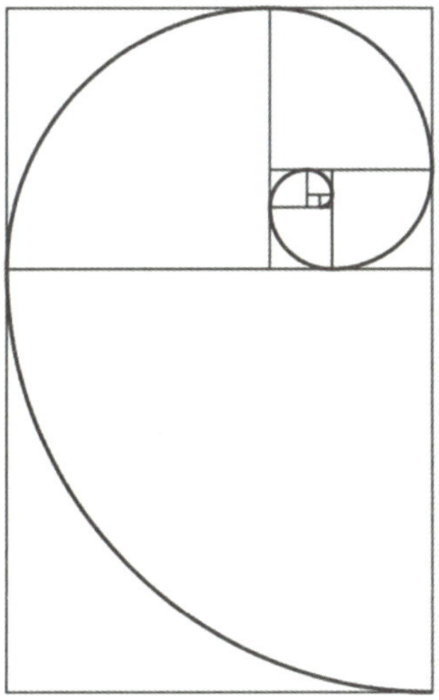

图3-50 黄金分割率示意图（搜狐）

图3-51 大卫（百度图片）

图3-52 维纳斯（百度图片）

图3-53 东方明珠塔（百家号）

设计了一个球体，使平直、单调的塔身变得丰富多彩，采用的黄金分割比例使得塔体协调、美观。如图3-54苹果Logo的设计，该Logo具有完美的平衡，映射到Logo上的轮廓是在直径上遵循斐波那契数列，即黄金分割比例的圆形。如图3-55百事的新Logo更简单、更有效、更具有空间感。它看起来有趣而漂亮，红蓝之间的图形像一个小笑脸。Pepsi Logo最基本的框架由几个交叉的圆组成，彼此之间遵循的比例刚好是黄金分割率。如图3-56丰田Toyota的Logo由三个椭圆组成。进一步观察这个Logo，我们会很容易地发现一个基于黄金分割率的网格，该网格的网格线间隔遵循黄金分割率。

除黄金分割比例关系外，人们还提出，如等差数列、等比数列等也蕴含着和谐与美的比例关系。比例给人以尺度、规律、均衡、和谐的审美感受，平面构成设计中，要合理处理画面分割的比例关系和造型元素组织的比例关系，创造出合尺度、合规律，符合人的审美心理和行为习惯的和谐画面。

图3-54　苹果Logo设计（tushuo.jk51.com）

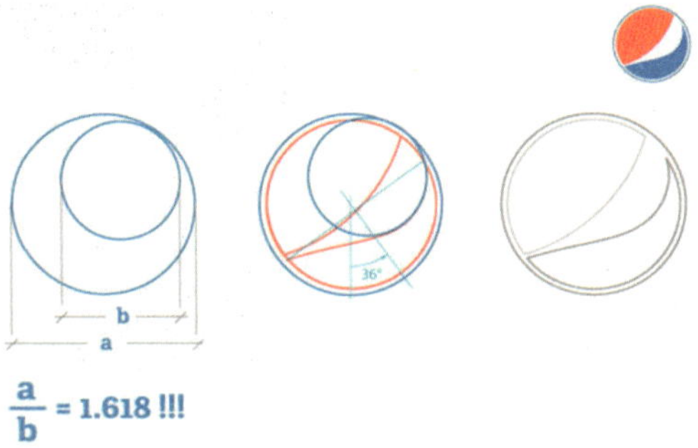

图3-55　百事Logo设计（百度经验）

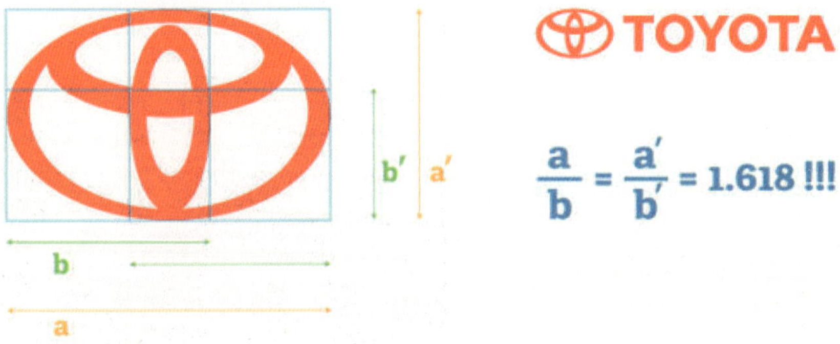

图3-56　TOYOTA Logo设计（搜狐）

知识链接　**设计作品应注意知识产权保护与专利申请**

目前国内对设计师劳动成果保护的法律还不够完善，在某些设计领域，由于只是产权界限相当模糊，一时还无法做出客观与正确的判断。譬如，服装设计的所谓原创设计，是否应该得到保护，如果保护，又怎样处理好与时尚流行的关系等等。当然，某些技术性较强的设计产品，必须申请专利保护，只有这样，设计师的知识劳动才能得到尊重，同时也是对设计师的报偿。因此，重视必要的在一定领域的产权保护和专利申请，也应该归入设计工作。特别是有关专利与知识产权的知识，是设计师必须掌握的常识。

课堂实训　**运用形式美规律，进行主题创作**

内容：研究自然界或人造物的形态与纹样，感受其中有意义的元素，分别运用形式美规律，以"校园印象"或"寝室印象"为主题，创造新的有意味的画面。

要求与方法：手绘或电脑设计于200mm×200mm的纸上。

第四章

平面构成的形式

4

第一节　基本单元形与骨格

一、基本单元形

1. 基本单元形的概念

平面构成中的基本形就是构成图形的基本单位，一个点、一个几何形或是一条线段，都可以看做构成基本形的要素，但是在具体的设计中，我们不能把这种简单的基本元素看做设计的根本，而更应该把设计中的构成规律及法则运用到当中，使其组合成富有生命力的设计语言，例如，运用重叠、分割、连接等手段，组合成变化万千的形象。也就是说，基本单元形是平面设计中借以表达意图的形态构成的视觉元素，它是表达构成意图的主要手段，是构成图形的基本单位。而这些视觉元素我们把它通称形象，基本形即是最基本的形象。形象是有面积、形状、色彩、大小和肌理的视觉可见物，但受方向、位置、空间和重心的制约。

在设计构成中，点、线、面是构成基本形的元素，同时也可以是基本形。基本形也可以是具象的图形，它在构成中常常是由一组相同或相似的形象组成，在构成内部起到统一的作用。基本形有助于设计的内在统一，在构成中具有十分重要的作用。

2. 基本单元形的分类

从基本形的概念上理解，它带有相对性，即再小的基本形也可以无限的进行分割。因此，在现代设计中，基本形的分类也应该根据具体的设计任务来划分，大致可以分为具象的基本单元形和抽象的基本单元形两大类。

（1）具象的基本单元形

具象基本形以大自然的自然形态为主体，直接从中吸取美的元素进行再创作的形象。如人物、动物、植物、山石、水流等自然形象，还有文字、建筑、产品等人工形象。我们当然也可以从所有具象物体中找到点、线、面这些基本元素的特性。

（2）抽象的基本单元形

抽象基本形指的是将复杂的自然形态高度概括为最简洁的视觉元素——点、线、面，并以此为基础，按照构成原理进行创作的形象。

抽象的基本单元形还包括几何形态的元素构成，以几何法则构成的图形。简洁明快，具有数理秩序与机械的冷漠性格，体现一种理性的特征。例如：方形：稳定坚固。圆形：是最平衡的曲线形，它是多面形的终极，具有核心集中和流动等视觉特征。三角形：平放具有稳定感，以一点支撑会产生极不安全的紧张感。

3. 基本单元形的产生

基本单元形的产生，可以通过框架、骨格、空间、重心、虚实、有无等因素来完成。基本单元形产生的不同方式，可以得到完全不同形式的效果。当基本形作为图形的组织元素的时候，它有可能具有多种图式身份，如画面中的一个文字，它既是一个具象的表音或表意的符号，又是画面中的一个点。如果它有重复，它还可能是线或者面。所以，单元形在画面中与相关的组织元素和因素可以形成不同的角色，也有可能在形与形的组合关系上形成不同的关联和结构关系。

在平面设计中，当两个以上基本形相遇时，会产生多种不同的形的关系，相叠是基本形产生新的生命力中常用的一种变化手法，而且相叠的方式方法多变，它贯穿于所有的基本形变化之中。因此，学习相叠的多种手法是非常重要的一环，主要方式有如下这些：分离、接触、覆叠、透叠、差叠、减缺、联合、重合等。这些关系可以使版面的形象丰富起来（如图4-1至图4-9）。

分离：即形和形之间保持一定的距离而不接触，彼此间分离，呈现出各自的图形。

接触：即形和形的边缘恰好相切，所形成的关系为新的接触。

覆叠：指的是一个形象遮挡住另一个形象的一部分，覆盖在上面的形象不变，而下面的形象被覆盖了一部分而使整体形象产生变化。覆叠的位置不同，也就产生出不同的形象，并产生上与下、前与后的空间关系。

透叠：透叠的形象之间相互交错重叠，重叠部分具有透明性。形象的轮廓也不一定分出前后或者上下的空间关系。重叠处出现的新形象常以负形出现，而原形呈相反的形象，两者呈正负形关系。

差叠：两个形象相互交错重叠，取交叠部分成为新的形象，其余部分被减去。

减缺：就是形象与形象相互重叠时覆盖产生了前后上下关系，上面的形象覆盖了后面的形象，被上面覆盖所留下的剩余形象为减缺的新形象。

联合：形象与形象交错重叠，不分前后上下关系，而把两个形象联合起来成为一个较大的新的形象。

重合：就是有两个相同的形象，其中一个形象完全覆盖住另一个，无相互交错关系，完全重合的形象。

基本单元形的产生方式主要有加法、减法、分割法等。

（1）加法

用两个以上的形象通过一定的组合添加形式产生新的形象，用加法产生的形象，可以无限制地加下去，直到产生出新的形态为止。

a. 单形加法

单形组合是把基本形进行合并添加，就是基本单元形态相互做加法，包括连接、重叠、分离三种形式。在加法组合中，可以是基本形的形态添加，也可以是形态和性质一起合并。

连接法——形与形的外形接触，互不遮挡，保持基本形的原形特点。

重叠法——形与形的局部重叠，组成另一个新的形象。

分离法——形与形并列，并保持一定距离，在形与形之间产生负形。

b. 繁殖组合

繁殖组合的概念为用一种或几种基本单元形对其进行复制，然后通过一定的安排进行设计，组合

图4-1

图4-2

图4-3

图4-4

图4-5

图4-6

图4-7

图4-8

图4-9

成变化丰富的形态。繁殖的特征是不断重复，重复可以加深记忆，并在视觉上产生和谐统一的秩序美感。用规则等同的元素重复进行构成设计，会得到统一、有秩序的版面效果。繁殖组合的方式主要有：

点状组合——基本单元形以向心构成的方式汇聚成点状造型。

线状组合——基本单元形根据一定的轨迹呈带状造型。

面状组合——单元基本形之间结构紧密，整体形象呈面状。

环状结构组合——组合形式呈圆环状造型。

发射状结构组合——整体造型以一点为中心，向外发射。

反射镜面组合——基本形左右对称，呈镜面效果，布局均衡。

自由组合——不限定方式，形态自由，变化丰富。

（2）减法

减法就是基本形自身或者形与形之间相互做减法。减法不能无限制地减下去，否则会使形象零碎或者单调，减法主要包括减缺、透叠与差叠。

减缺——形与形相互组合时，一个形被另一个形减去，从而产生新的形态。

透叠——形与形相互组合时，形的重叠处出现负形，与原形呈相反的形象，两者呈正负形关系。

差叠——形与形相互组合时，两个形相互交错重叠，取交叠部分成为新的形态。

减法过程中，主要是以单形元素进行变化，因此，要注意单元形本身的形态要具有数理美感，复杂的单元形运用时会有零碎的负形产生。

（3）分割

基本单元形可以通过分割分解成为若干部分，大小不一，分割后产生的面积大小会产生不同的"量"，这个"量"可以产生不同的重量感和节奏感，从而使画面产生平衡、对比、动态的感觉。基本单元形的分割，可以是有规律的和无规律的自由分割。有规律的分割，常要用数理关系来推算，无规律的自由分割，可根据作者的意念来进行分割。有规律的分割可以是等形分割、等量分割、渐变分割、相似形分割；无规律的分割主要是自由性比较强的分割。

等形分割——指的是被分割出来的基本形形态相同。

等量分割——指的是被分割出来的基本形形态不同，但面积相等。

渐变分割——是指被分割出的基本形依次增大或减少。

相似形分割——是指有数理规律的基本形分割，其单元形与整体画面结构间有严谨的数理关系。

二、平面构成中的骨格

1. 骨格的概念和作用

在平面构成中，骨格指的是限制和管辖基本形的各种不同的编排。骨格的目的在于使形象有秩序地在限定的空间里排列和组合。形式上就如人造建筑物的框架结构、自然界中的鱼鳞、人体的骨骼等。骨格是支撑构成形象的最基本的组合形式，使形象有秩序地经过人为的构想，排列出各种宽窄不同的框架空间，把基本形输入到设定的骨格中，以各种不同的编排来构成设计，骨格可以起到编排形象和管辖形象的空间作用。骨格网决定了基本形在构图中彼此的关系。有时，骨格也成为形象的一部分，骨格的不同变化会使整体构图发生变化。

构成中的骨格在视觉上可以分为作用性骨格和非作用性骨格。作用性骨格是使基本形彼此分成各自单位的界线，骨格给形象准确的空间，基本形在骨格单位内可自由改变位置、方向、正负，甚至越出骨格线。而非作用性骨格赋予基本形以准确的位置，基本形编排在骨格线的焦点之上。一般没有严谨的骨格线，构成方式比较自由。非作用性骨格是概念性的，它有助于基本形的排列组织，但不会影响它们的形状，也不会将空间分割为相对独立的骨格单位。

骨格还可以分为有规律性骨格和非规律性骨格。

2. 有规律性骨格

有规律性骨格是以严谨数学方式构成的，规律性骨格有精确严谨的骨格线，有规律的数字关系，基本形按照骨格排列，有强烈的秩序感。主要有重复、渐变、发射等骨格。规律性骨格有水平线和垂直线两个主要元素，若将骨格线在其阔窄、方向或线质上加以变化，可以得出各种不同的骨格排列形状（如图4-10、图4-11）。

在平面构成上有规律性骨格应用较多。骨格线的确定一般采取正方形格式，便于基本形方向的变换，构成灵活多样。平面构成的基本格式大体分为：90°排列格式、45°排列格式、弧线排列格式、水平错位、折线排列格式。而重复构成形式，指的是骨格与基本形具有重复性质的构成形式。它的特征是以一个基本单元形为主体，在基本格式内重复排列，排列时可做方向、位置变化，具有很强的形式美感。在这种构成中，组成骨格的水平线和垂直线都必须是相等比例的重复组成，骨格线可以有方向和阔窄等变动，但亦必须是等比例的重复。对基本形的要求，可以在骨格内重复排列，也可有方向、位置的变动，填色时还可以“正”“负”互换，但基本形超出骨格的部分必须切除。

3. 非规律性骨格

非规律性骨格是比较自由的构成形式，是指规律性不强或者没有规律可循的骨格构成形式。但有的是由规律性骨格随意和自由衍变而成，有极大的随意性和自由性，其主要形式有特异、对比、肌理、空间、聚集等。非规律性骨格一般是在规律性骨格的基础上加以变动，使其成为无规则的多边形。基本单元形可通过无规律性骨格形成比较自由、随意的构成形式。非规律性骨格的构成尽量简洁，否则基本形在画面内的构成就会显得杂乱无章。在平面构成上，非规律性骨格应用相对较少。

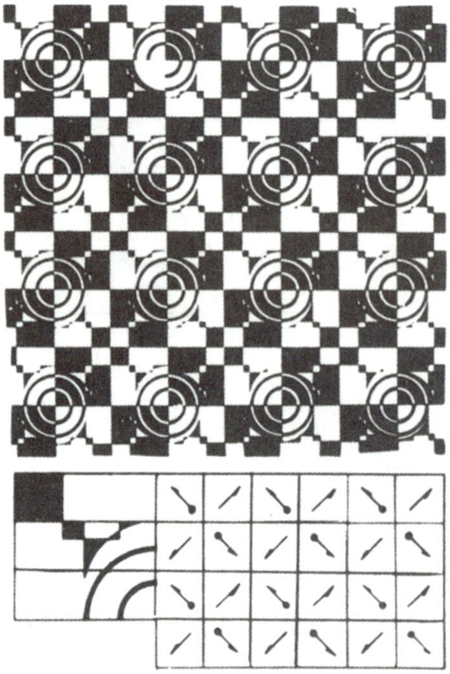

图4-10　重复骨格的应用1

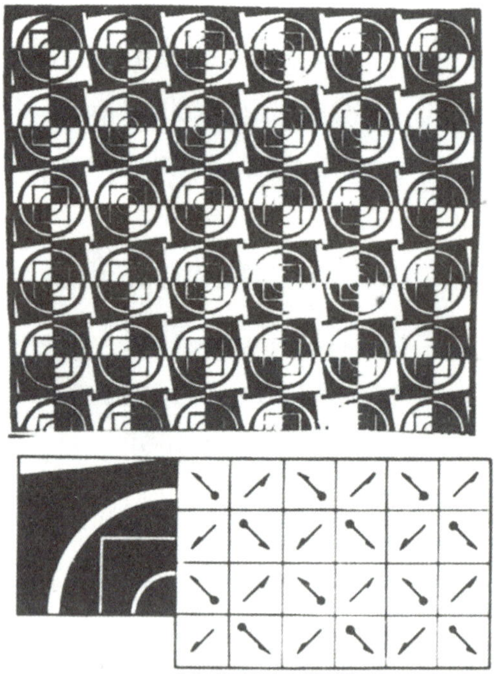

图4-11　重复骨格的应用2

知识链接

《点、线、面》是康定斯基的重要理论著作，他自称这本书的分析是“显微镜式的”。康定斯基认为：就外在的概念而言，每一根独立的线或绘画的形式就是一种元素。就内在概念而言，元素不是形的本身，而是活跃在其中的内在张力。在它的影响下，平面设计从具象的、装饰的、现实的包围圈中走了出来，形成了抽象的画面，通过线条和色块构成，形成简洁、现代的平面设计风格。我们在学习基本形和骨格的概念的时候，应该多了解诸如康定斯基这些大师的著作和作品（如图4-12）。

课堂实训　基本单元形的练习

1. 在一个基本形的基础上进行分割或是叠加等，创造出多个新的基本形。
2. 搜集生活中具象的基本形，做拼贴的构成练习。
3. 以抽象的几何形象，进行构成训练。

图4-12　康定斯基作品

第二节　平面构成的基本形式

一、重复与近似构成

1. 重复与近似构成的定义

在构成设计中，使用同一个基本形出现两次或超过两次的构成叫重复，它的特征就是形象的连续性（如图4-13、图4-14）。这种连续性反映在视觉中，可以产生一种强烈的秩序性，基本形重复的这种秩序性，可使设计产生绝对和谐的视觉效果。这种重复的构成设计手法在日常生活中到处可见，例如：建筑上排列整齐的窗子、地面的瓷砖、纺织面料等等。

而近似构成是重复的轻度变异，它是一种非规律性的变动。它没有重复的严格规律，但仍不失规律感。近似指的是在形状、大小、色彩、肌理等方面有着共同特征，它表现了在统一中呈现生动变化的效果。近似现象在现实生活中也很多，如天空中飞翔的大雁；树上的叶子；草原上奔腾的牛群马群等等。近似是形体之间少量的差异和微小的变化，是同中求异。基本形的形象产生局部的变化，但局部的变化后又保持了大形相似。近似的程度可大可小，如果近似的程度大就产生了重复感，近似程度小就会破坏统一。

2. 近似构成的主要类型

（1）形状的近似：两个形象如果属同一族类，它们的形状均是近似的，如同人类的形象相近一样（如图4-15、图4-16）。

（2）骨格的近似：骨格可以不是重复而是近似的，也就是说骨格单位的形状、大小有一定变化。

图4-13　重复构成1（学生习作）

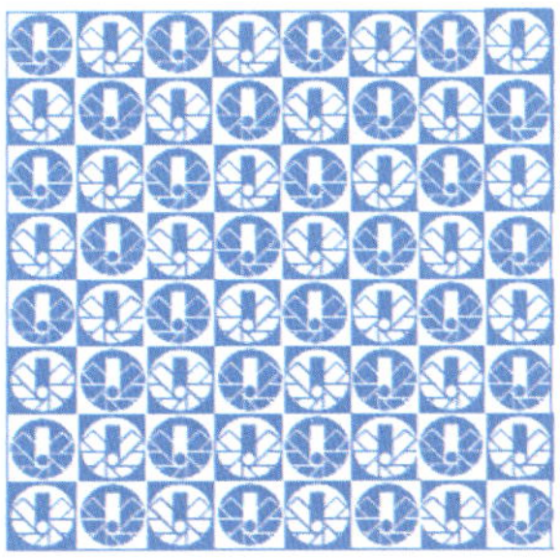

图4-14　重复构成2（学生习作）

图4-15　近似构成1（学生习作）

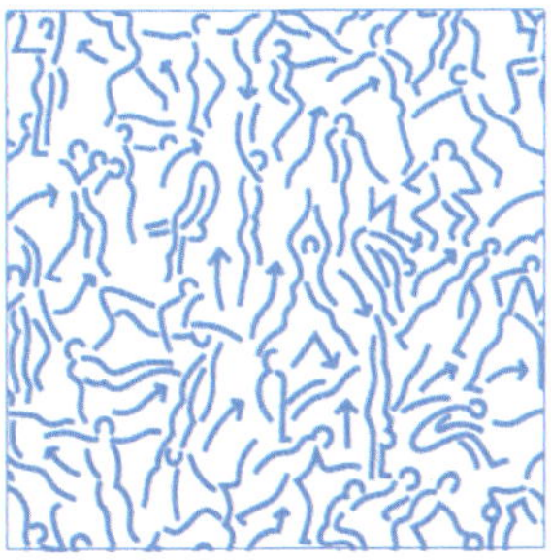

图4-16　近似构成2（学生习作）

骨格的近似与骨格的渐变是有区别的：骨格的渐变是规律性很强的，基本形排列非常严谨。而骨格的近似变化规律性不强，基本形和其他视觉要素的变化较大，也比较活泼。

3. 群化构成

（1）群化构成的概念

形的群化是基本形重复构成的一种特殊表现形式，与一般的重复构成不同，它不依赖于骨格和框架进行基本形的组合构成，具有独立存在的意义。它不能以中心点、中心线向四周连续发展而具有独立存在的性质，因此，这种构成形式经常运用于标志、标识、符号等方面的设计。这种方式既可采用具象图形来表现，也可以采用抽象图形来表现。基本形的群化构成具有精练、有力、符号性的特点。

（2）群化构成的形式

基本形集中排列在一起并互相发生联系的时候才可构成群化；基本形的特征必须具有共同元素才能产生同一性而形成群化；基本形排列必须有规律性和一致性才能使图形产生连续性和构成群化。群化的基本方法一般有对称、平衡、平移、反映、旋转、扩大、错位以及回旋等。具体的构成形式有如下几种。

a. 基本形的平行对称排列：可以水平移动排列或上下排列，如奥运会的标志就是用五个圈上下水平进行排列构成。

b. 基本形的对称或反射排列：即在设计中用两个或四个相同的基本形做左右或上下的反射排列。

c. 基本形的旋转放射排列：即群化的基本形围绕一个中心点做旋转或向外放射，基本形一般不能少于三个，两个基本形可以构成反转的形式，如日本三菱标志的设计。

d. 多方向的自由排列：即基本形朝多方向自由排列，但要求整体形象的统一性和基本形的一定规律性，在自由中有统一。

基本形的群化构成形式可以采用一种单独的构成形式，也可以将几种形式综合起来运用，注意结合组合构成中的新形象的产生（如图4-17至图

图4-17　群化构成练习1（作者：龙立）

图4-18　群化构成练习2（作者：陆婵）

4-20，群化构成的练习范例）。

（3）群化构成的基本要领

a. 群化构成要求简练、醒目，设计基本形的时候数量不宜太多、太复杂，一般2~6个为宜。

b. 基本形的群化构成要紧凑、严密，相互之间可以交错、重叠和透叠。

c. 注重群化图形构图中的平衡和稳定。

d. 基本形不宜太纤细。

e. 群化图形的构成要完美、美观，应注重外轮廓的整体效果，因为它具有独立性。

4. 重复与近似构成的应用

重复与近似的统一性特别的强，因此它的应用需要特别的注意。运用得当会给人整体统一，稳重厚实的感觉，并且具有群体的视觉冲击力，但是运用得不好反而促成单调乏味的局面。在平面构成形式上可以是整体的重复，也可以使用局部的重复构成方法。重复于近似是许多设计师常用的手法，点的重复与近似构成虽然会有灵动的感觉，但是运用不当也容易产生琐碎的构成。线的重复与近似构成可以形成整体的氛围，如果不考虑到分割或是虚面构成的要素，又会使其轻薄、缺乏重量感。

标志作为一种识别性符号，在设计上追求简洁、鲜明而醒目。而利用几何图形进行组合创意设计，是进行标志设计的一种重要手法。因此，重复构成中基

图4-19　群化构成练习3（作者：尹辉）

图4-20　群化构成练习4（作者：朱可欣）

本形群化的构成方法可广泛应用于标志设计（如图4-21）。

除此以外，在设计的具体项目中也可以配合色彩、工艺、材料等要素做重复与近似手法的考虑，这样会使设计整体更加丰富。色彩的重复与近似设计对视觉基调整体性上起到很大的协调作用，可以形成一个强化的主色调。工艺材料的重复与近似，着重表现在材料的搭配上，如果运用两种近似的材料交替出现，既可以加深对材料质感的感受，也不至于显得单调或乏味。近似构成在招贴设计和包装设计中的运用特别能够体现其群体性，例如图4-22是一组系列化包装设计，在这个整体的设计中，作者运用了近似的构成手法，既体现了重复的视觉冲击力，又突破了每一种商品口味的单一性。而图4-23则是运用近似的构成手法对招贴进行的一些设计。人物的近似形态，是招贴整体性完整统一的重要因素。当然不仅仅局限在二维的平面图形，很多建筑设计中也能看到使用重复或是近似的装饰手法。

二、渐变构成

1. 渐变构成的定义

渐变，也称渐移，指基本形或骨格有规律、逐渐循序的变动，呈现一种有阶段性的调和秩序，渐变的关键特征是有规律的变化（如图4-24、图4-25）。渐变是以骨格单位的变化为先决条件的，其节奏与韵律感的强弱是至关重要。变化如果太快就会失去连贯性，循序感就会消失。变化如果太慢，又会产生重复感，缺少空间透视效果。此外，也有形状的渐变、大小的渐变、方向的渐变、位置的渐变、间隔的渐变、色彩的渐变等，这些渐变既可以单独使用也可以混合使用。

渐变构成的情感表现非常丰富，主要有以下几点。

（1）可以表达细腻入微的情感变化。

（2）能够形成空间感受以及幻想性的心理。

（3）能够形成极具动感的表达，变化丰富。

2. 渐变构成的类型

（1）形状的渐变：基本形有规律的逐渐增减变化，以此代表形成发展性的渐变特征。一个基本形渐变到另一个基本形，基本形可以由完整渐变到残缺，也可以由简单渐变到复杂，由抽象渐变到具象。在这些变化过程中，具象的形象变化比抽象的形象变化要复杂一些，制作的时候要考虑到具象过渡的自然性、可行性、可信性（如图4-26、图4-27）。

（2）方向与位置的渐变：在基本形形状不变的前提下，可在平面上做方向、角度的渐变，增强立体感和运动感，如运动物体的转向叫作方向的渐变。位置的渐变则是基本形在有作用的骨格中，进行上下左右的位置移动，如行走上下楼梯。基本形在位置渐变时需用骨架，因为基本形在做位置渐变

图4-21 重复构成在标志设计中的运用

图4-22　近似构成的系列化包装设计（网络图）

图4-23　近似构成的招贴设计

图4-24　渐变构成1（作者：毛新颜）

图4-25　渐变构成2（作者：陈红东）

图4-26　形状的渐变1（学生习作）

图4-27　形状的渐变2（网络图）

时，超出骨架部分会被切掉（如图4-28、图4-29）。

（3）大小的渐变：基本形由大到小的渐变排列，会产生远近深度及空间感，如水波的渐次扩展，大小的渐变其实也是远近的渐变（如图4-30、图4-31）。

（4）色彩的渐变：在色彩中，色相、明度、纯度都可以形成渐变效果，并会产生有层次感的美感。

（5）骨骼的渐变：骨骼有规律的变化，使基本形在形状、大小、方向上进行变化。

3. 渐变构成的应用

渐变的构成形式可以使设计变得细腻和丰富化，同样也可以在整体和局部，表现不用的渐变运用，但是在具体的使用时，注意不要扩大渐变的部位，不要拉大渐变的跨度、应该减少变化的力度。色彩上的渐变手段比较丰富，可以利用色彩的色相、明度、纯度、冷暖等要素，配合平面的主题来进行。

形象的渐变在设计中能形成系列性，为了拓展市场，我们可以在平面、产品、景观、服装等各个设计领域采用渐变方式，设计出主导的产品形象设计和分支的形象设计，使其既具有整体性又有局部的变化特征。在空间中的渐变除了刻意运用大小渐变、形象渐变、方向的渐变以外，结合考虑透视的要素，从每个不同的观察点发现渐变的视觉效果，这样可以设计出较好的环境氛围。而产品设计与服装设计中运用渐变的手法，更可以增强设计外观的层次感与丰富性（如图4-32至图4-34）。

三、发射构成

1. 发射构成的定义

是基本形按照放射状的骨格规范，以中心向四周逐渐展开，是一种既具空间速度感、辐射光芒感，而又有强烈视觉冲击力的构成形式（如图4-35、图4-36）。发射是大自然中很常见的一种构成形式，许多植物和动物都有发射的结构现象，用一个形做发射时，要改变形象的结构；用多个基本形做发射时，或采用大小渐变的方式，或采用三角形或楔形，避免不均匀空间分布的限制。

2. 发射构成的类型

（1）离心式：基本形的方向性为向外扩散，发射

图4-28　方向与位置的渐变构成1（作者：亘镜）

图4-29　方向与位置的渐变构成2（作者：张晓纯）

图4-30　大小的渐变构成1（作者：钱颖）

图4-31　大小的渐变构成2（佚名）

图4-32　招贴设计中的渐变构成运用（网络图）

图4-33　服装设计中的渐变构成运用1（网络图）

图4-34　服装设计中的渐变构成运用2（网络图）

点在中心位置，有向外的运动感。以一个焦点为中心，层层环绕发射，如同箭靶的图形。离心式的发射能引起人们的注意力，给人一种强烈的震撼力，有炫目、光芒感的视觉效果（如图4-37、图4-38）。

（2）移心式：基本形按照一定的动势，有秩序地移动放射的位置，使发射形成有规律的移动变化，如波浪的旋转痕迹。移心式的发射具有强烈的运动感，形成曲面的效果（如图4-39）。

（3）同心式和向心式：基本形的发射点不动，而基本形的排列数量却成倍增加，形成是扩大的形式、扩散的形式叫作同心式发射。向心式发射是指发射点在画面外，基本形的方向性为向中心归拢。向心式的发射和同心式的发射一样具有强烈的视觉冲击力，具有凝聚力和吸引力，能抓住人心理的威慑力（如图4-40至图4-42）。

（4）多心式：在同一个画面中，基本形以多个中心点为发射点，可以添加交错、集合的效果，形成丰富多样的发射团体。多心式的发射，可以使人感觉空间多变，营造多种透视效果（如图4-43、图4-44）。

图4-35　发射构成1（作者：张晓纯）

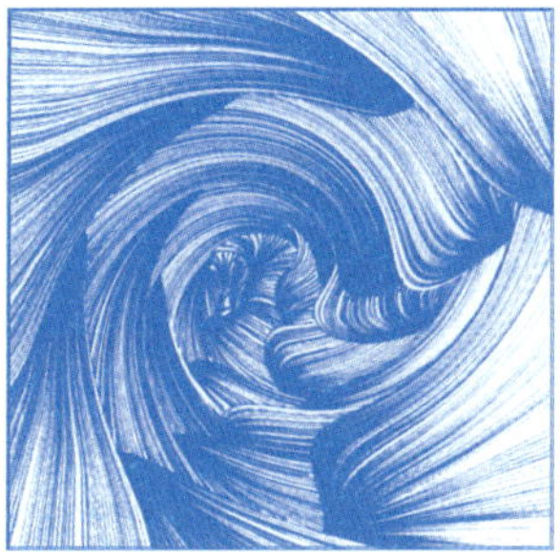
图4-36　发射构成2（佚名）

图4-37　离心式发射构成1（作者：田维丽）

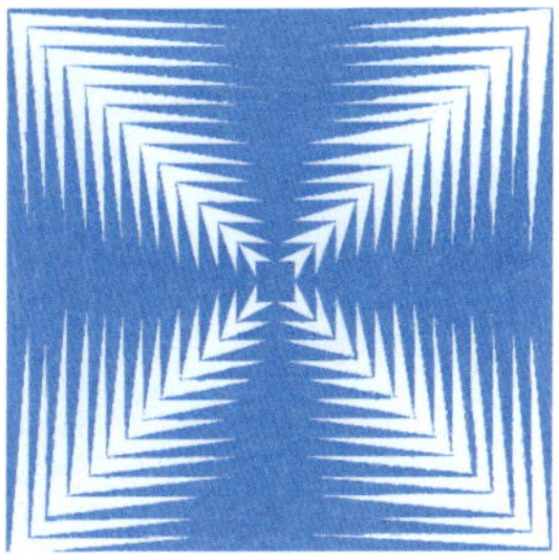
图4-38　离心式发射构成2（作者：陆涛）

图4-39　移心式发射构成（作者：张晓勇）

图4-40　向心式发射构成（作者：李祺祺）

图4-41　同心式发射构成1（作者：潘峰）

图4-42　同心式发射构成2（作者：周银艳）

图4-43　多心式发射构成1（学生习作）

图4-44　多心式发射构成2（学生习作）

3. 发射构成的应用

发射构成最大的特点就是集中性，因此在设计中可以发挥视觉中心突出、重点明确的特性，优势也就显而易见。发射在人的视野中始终能有一个视觉的中心点，这就是设计者需要把握的主题设计，使其成为视线的焦点和视觉中心，具有强烈的吸引力，同时也可以引导观者关注你所要设计的意图。除此以外，发射的构成形式还具有较强的逻辑设计效果，产品的局部或是整体采用了发射构成，能够形成较好的视觉流程，以满足受众对产品需求的主次阐述。把线和面紧密结合，可以塑造更好的数量感。

在平面设计中的海报设计，常常会使用到发射构成的形式，这样的方法可以使视觉冲击力更加强烈，在短时间内抓住受众的视野，打动人心（如图4-45）。在景观设计中也常常会营造中心景点，这种设计也可以采用离心式发射或是多心式的发射方法（如图4-46）。而在产品设计中，发射构成更是灯具设计最为青睐的一种手法，可以合理地发散光源，层层叠进（如图4-47、图4-48）。

四、密集构成

1. 密集构成的定义

和前边所有的骨格比起来，密集的骨格可以说是最自由的了，它没有明显的有规律的骨格线，基本形在整个构图中可以随便散布，有疏有密，最密或最疏的地方常常成为整个设计的视觉焦点，在画面中造成一种视觉上的张力，像磁场一样，并有节奏感。密集也是一种对比的情况，利用基本形数量排列的多少，产生疏密、虚实、松紧的对比效果（如图4-49）。

2. 密集规划

密集骨格无一定的限制，可以自由安排，但也极容易产生混乱，在做此种构成时，首先要进行规划设计。

（1）点的密集——在设计中将一个概念性的点放于构图的某一点上，基本形在组织排列上都趋向于这个点的密集，愈接近此点则愈密，愈远离此点则愈疏。这个概念性的点在整个构图中可超过一个以上，但要注意，基本形的组织不要过于规律，否则会有发射的感觉（如图4-50）。

图4-45 发射构成在招贴设计中的运用（作者：冈特兰堡）

图4-46 发射构成在景观设计中的运用（网络图）

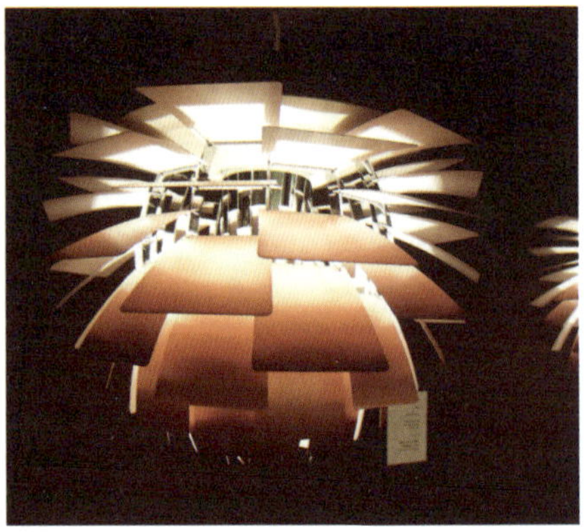

图4-47 发射构成在灯具设计中的运用1（网络图）

图4-48 发射构成在灯具设计中的运用2（网络图）

图4-49 密集构成的对比关系（作者：张浩然）

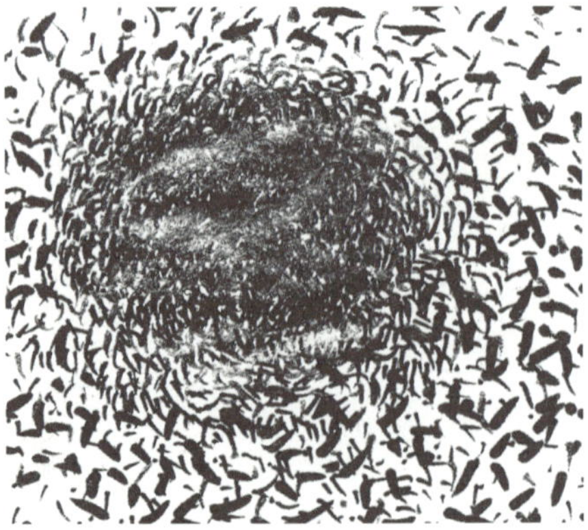

图4-50 点的密集构成（作者：玉拉罕）

（2）线的密集——在构成中有一概念性的线，基本形向此线密集，在线的位置上密度最大，离线愈远则基本形愈疏（如图4-51）。

（3）自由密集——在构图中，基本形的组织没有点或线密集的约束，完全是自由散布，没有规律，基本形的疏密变化比较微妙（如图4-52）。

在密集设计中应注意，基本形的面积要细小，数量要多，以便有密集的效果。基本形的形状可以是相同的或近似的，在大小和方向上也可以有些变化。在密集的构成中，重要的是基本形的密集组织一定要有张力和动感的趋势，不能组织涣散。

3．密集构成的应用

密集构成在设计中的运用更多地应该和面的形成结合去考虑，当觉得设计中实面过于枯燥的时候，运用密集构成中点或是线的疏密和节奏规划，形成较有动感的虚面，可以使设计更具有灵动感。另外，还要充分利用工艺材料中本身肌理的质感，充分发挥密集构成的对比，使设计突破二维的限制，丰富多样（如图4-53至图4-56）。

五、特异构成

1．特异构成的定义

特异是指建立在重复的基础上，某个形态突破了骨格和形态规律，产生突变，这种整体的有规律的形态群中，有局部突破和变化的构成。特异，是一种破坏旧秩序的形式，是在相同的大多数基本形中所出现的特殊状态，是使个性与共性形成对比，有意要违反秩序的一种形式，目的在于突出焦点，打破单调的局面。

2．特异构成的类型

（1）形状的特异：在许多重复或近似的基本形中，出现一小部分特异的形状，以形成差异对比，能增强视觉形象的趣味性，并形成衬托关系，成为画面的视觉焦点。使用形状的特异，将其放在与其

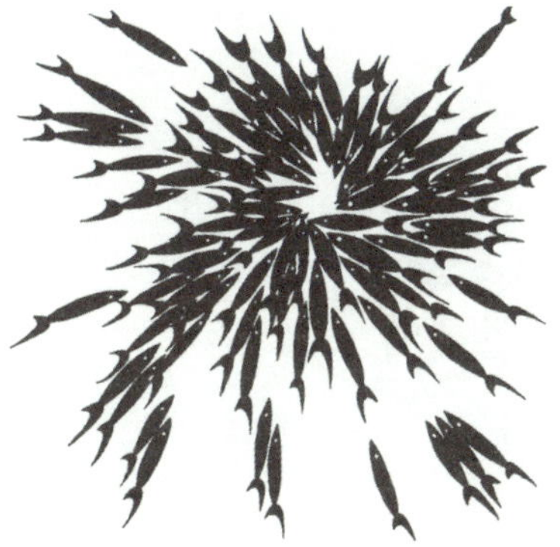

图4-51　线的密集构成（学生习作）

图4-52　自由密集构成（作者：徐越）

图4-53　密集构成的应用1（作者：冈特兰堡）

图4-54　密集构成的应用2（网络图）

图4-55　密集构成的应用3（网络图）

图4-56　密集构成的应用4（网络图）

他形象有关系的形象中，既不牵强而又具有适当的对比（如图4-57、图4-58）。

（2）色彩的特异：在同类色彩构成中，加入某些色彩元素的对比成分，能丰富画面的层次，使黑白灰的关系更加清晰，以打破单调。在这种特异手法中，可以从填色、勾线、留白等表现手法去应用。

（3）方向的特异：大多数的基本形是有秩序的排列在方向上一致，少数基本形在方向上有所变化，以形成特异效果。方向性的特殊能形成较有逻辑的视觉流程，使画面保持平衡，形成律动关系。但是这种特异性较弱，尤其是方向感不鲜明的形象（如图4-59）。

（4）位置的特异：基本形在位置上的特殊性能延长视觉停留的时间，产生引导视线的作用，使重点突出。

（5）大小的特异：在相同的基本形的构成中，只在大小上做些特异对比，能强化基本形的形象，使形象更加突出、鲜明，这也是最容易运用的特异（如图4-60）。

（6）肌理的特异：在相同的肌理质感中，运用不同的材质使形象更加丰富，造成不同的肌理变化，让质感更加强烈。

3. 特异构成的应用

特异是指突出形式上的不同之处，是一种强烈的对比形式，这种方式可以使设计的中心和主题非常突出，目的明确。但是，如果过多采用特异的手法，就会使整个设计风格得不到统一。因此，在使用这种手法的时候，一般只能选择局部变异，以防止过多的对比因素，在整体的风格中找到视觉中心。

在平面设计中海报的设计和标志设计常常会选择这样的构成形式，可以比较好地表现视觉中心，突出重点（如图4-61、图4-62）。

图4-57　形状的特异1（作者：朱田源）

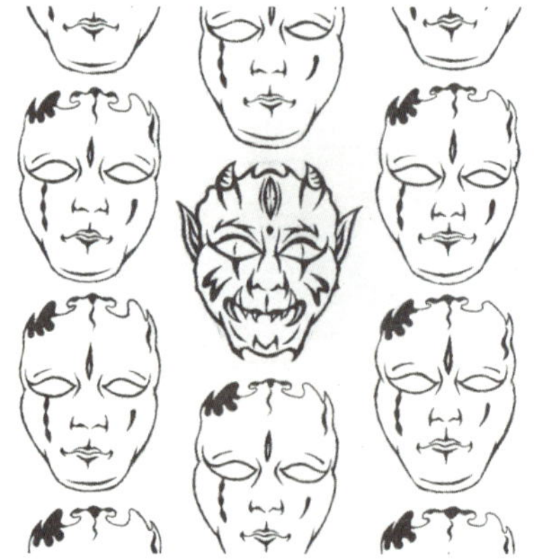

图4-58　形状的特异2（作者：李尔维）

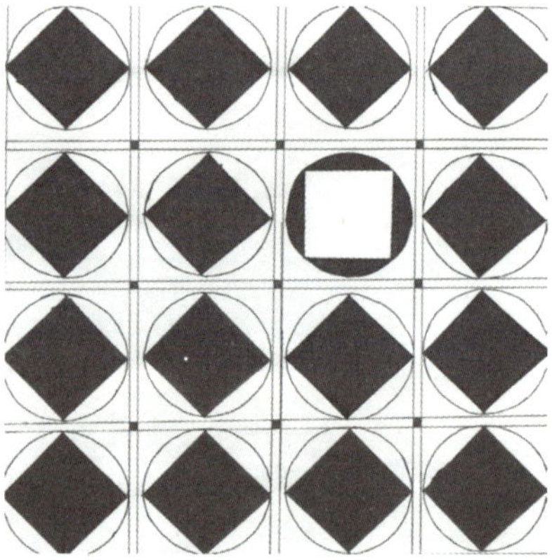

图4-59　方向的特异（作者：胡秀）

图4-60　大小的特异（作者：胡秀）

图4-61　形状的特异构成在招贴设计中的运用

图4-62　色彩的特异构成在招贴设计中的运用

除此以外，主角的特异形象也可以通过不同的方法来表现，例如肌理的特异、材质的特异、色彩的特异等等。

六、空间构成

1. 空间构成的定义

空间是一种具有高、宽、深的三次元立体空间，对于物体而言，就是它在空间中实际占据的位置，这种空间形态也叫物理空间。而我们在平面构成中所谈到的空间形式，是就人的视觉感觉而言的，它具有平面性、幻觉性和矛盾性，即平面构成中的空间只是一种假象，在实际中是不可能存在的，只能存在于二维平面中。在平面上可以通过重叠、大小变化、倾斜变化、弯曲变化、投影效果、透视效果、面的连接等手法，来形成视觉上的空间感。在无理中表现出“合理”，使人从中得到艺术的享受。

2. 空间构成的类型

（1）反转视像

反转视像在一个图形中有两种图形因素，由于观察方法的不同，使两个图形交替出现，出现反转现象。它的特点：图形中本身具备两种形象，巧妙运用共用线，形成适合关系。共用线是共用面的基础，共用面是创造矛盾图形的基础，平面的矛盾图形又可创造矛盾形态，因此有必要研究与之相关的形态转换，形态借用，形态的模棱两可（如图4-63）。

（2）形态的若隐若现

在平面上有意设计两个以上并不完整的形态层面，仍然可以凭视觉经验判断其整体形象，因视点的移动，其中的一个层面形象便呈现出来，若改换视点另一层面形态出现，视点交替形态有若隐若现之感（如图4-64）。

（3）矛盾空间

矛盾图形也称为无理图形，在二次元平面上是能够表现的，但在三次元的空间中是难以实现的。矛盾图形是有意创造一种造型上的矛盾性，形成特殊的立体效果，矛盾图形在平面构成中也可以具体到矛盾空间中。

矛盾空间是指利用平面的局限性以及视觉的错觉，形成在实际空间中无法存在的空间形式。在平面构成中有时故意违背透视原理，有意地制造出矛盾的空间。这是因为这种空间存在着不合理性，而有时还不容易立即找出其矛盾所在，这样就会增加观者的兴趣，引人遐想。

矛盾空间可以在平面中创造出奇特的空间，变不可视为可视，它可以使学习者对形自身结构的

图4-63　图地反转（作者：埃舍尔）

图4-64　图形的二度视觉

把握以及对形的分解与组合等方面得到更充分的训练。一幅比较好的矛盾空间作品，观念非常重要。矛盾空间作品的创作，需要在对实在空间的感知基础上按照一定的规律进行创新。

矛盾空间的主要构成方法有以下两个：

a共用面。是将两个不同视点的立体形以一个共用面紧紧地联系在一起，以此构成视觉上既是俯视又是仰视的空间结构，有一种透视变化的灵活性（如图4-65）。

b矛盾连接。是利用直线、曲线、折线在平面中空间方向的不定性，使形体矛盾连接起来（如图4-66）。

3. 空间构成的应用

平面设计中的空间感觉是利用二维平面空间的材料来形成三维空间的形象，它能创造出妙趣横生的局面，令人流连忘返，达到过目不忘的效果。在广告和标志设计中，常常运用空间构成的手法，去表现可以在有限的画面中使空间无限延展。在产品设计中，更应该多考虑使用这样的构成方式，产品的雏形是平面的，而结果却是要求立体的，设计师在设计的最初阶段，就应该用立体的思维去完成整个设计的创意。

矛盾空间的构成在实际运用中常常是多种方法融在一起运用，同时可以在设计训练中寻找新的规律来完成此类作品，在多维的空间设计中，还可以考虑到声、光及运动等因素，使平面设计有声有色，并在运动中体现出美妙的感觉（如图4-67、图4-68）。

图4-65 矛盾图形的共用面

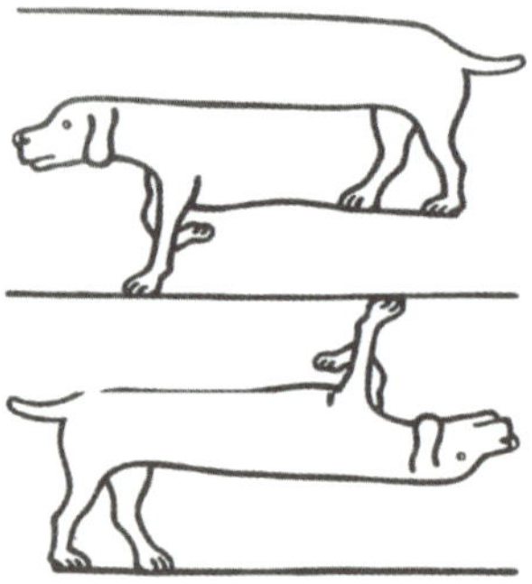
图4-66 矛盾图形的共生线运用

图4-67 矛盾空间构成1

图4-68 矛盾空间构成2

知识链接 对于平面构成中的构成规律和形式的学习，不能脱离现实的设计实例而只是完成单一的训练。一方面可以从传统的图案艺术中提取工艺美术作品造型优势的可取之处，提炼构成原理。另一个方面还应该多学习国内外优秀的设计作品，使构成规律移植到每一个设计项目中进行分析。例如，在做群化练习时可以结合标志设计的学习。在进行发射和渐变的构成手法练习的时候，还可以综合考虑到三维空间的透视因素，多鉴赏优秀的景观设计。在学习破异和密集等手法的时候，可以搜集更多优秀的使用该手法的招贴设计进行对比和分析。在空间构成的学习中，应该和后续的图形创意课程有所衔接等。

课堂实训

每种不同的手法均应该按照它的难点和重点进行不同侧重点的练习，大小与手法不限。

（一）重复与近似的构成，要发挥它们的整体性优势而又应该避免单一枯燥，建议参考以下课题：

1. 运用重复、近似的形象做构成设计。
2. 充分体会基本形的概念，做群化的练习。
3. 材料的重复性搜集构成设计。

（二）渐变构成是较难得的一种练习，应该突破简单的大小、远近的渐变概念，建议参考以下课题：

1. 完成一组形象的渐变。
2. 配合色彩的要素，完成一幅丰富的渐变构成。
3. 系列产品的渐变设计。

（三）我们经常能观察到发射与密集构成在大自然中得到体现，时而出现在动、植物身上，时而出现在地质表现中……建议参考以下课题：

1. 完成一张发射构成的练习。
2. 搜集大自然中有关发射和密集构成的图片，并且把这些元素运用到设计的具体载体中。

（四）破异构成相对于其他构成方法而言比较容易把握，因为它的对比较为强烈，建议参考以下的课题：

1. 完成一组4张不同形式的破异构成练习，要求运用形状、方向、大小、色彩等四种不同的手法进行对比。
2. 选择一个标志设计的任务，运用破异构成去完成。

（五）平面构成中空间构成的练习应该和三维设计中的很多知识结合起来，是二维向三维过渡的练习，建议参考以下课题：

1. 图地反转的构成练习。
2. 悖理图形的构成练习。
3. 在现代的产品设计中，提炼并学习空间的构成方法。

第五章

从平面到半立体

5

第一节　形体的概念

一、形体的意识

什么是立体构成中的“形态”？在立体的空间中，首先应该明确区分出“形态”和“形状”的概念。立体在实际的空间中占有实际的位置，可由多个角度去观察它，所以它没有固定的轮廓，仅用形态是不能确定的。因此，立体的形不叫“形状”而叫“形态”，其形态具有“体态”的含义。

在立体构成中，“形状”是指立体物体在某一距离、角度与环境条件下所呈现出来的外貌。也就是说，“形状”所表现的只是一个三维体态中观者在固定的位置并且在特定条件下所观察到的一个方面，它并不能覆盖整个物体的全部形态。而“形态”则是指立体物的整个外貌。简而言之，把握立体空间形态的全部，一方面得从形体的长度、宽度、深度这三个度向去概括。另一个方面要塑造一个优秀的立体形态，还应该赋予它完美的生命力和一定的内涵。这些要素主要由空间中的量感、进深度以及材料技术所表现的立体表情来表现（如图5-1、图5-2）。

二、形态的类型和特点

在立体构成的分类方式上，我们可以从多个角度去认知。首先，从形态的创作方式上来讲，可以分为自然形态和人工形态。所谓的自然形态，主要是指大自然中不以人的刻意创作和主观意识所形成的物质形态。而人工形态，则是指以创作者自身的需求出发，是人们将意识进行物化的形态，从立体

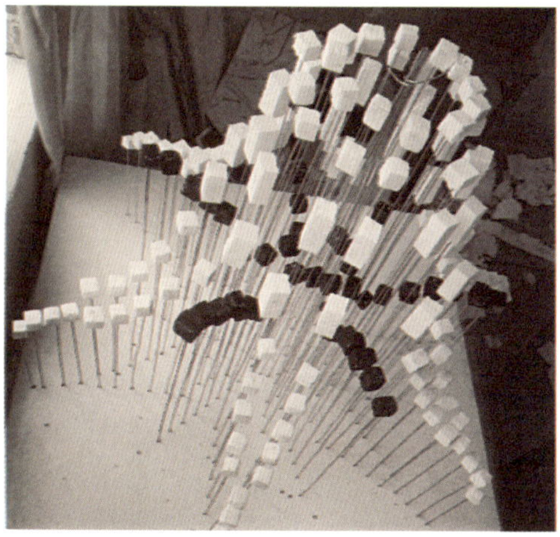

图5-1　立体构成作品（学生习作）

图5-2　城市景观雕塑（百度图片）

形态的外貌表情上认知，我们可以把它们大致分为平面几何形态、几何曲面形态、自由曲面形态以及自然形态这四类。

1. 平面几何形态

由4个以上的平面，其边界是直线，互相衔接在一起，所形成的封闭空间叫作几何形态，如正三角锥体、正四棱锥、长方体等（如图5-3、图5-4）。平面几何形态在具体设计中的特征主要表现为简练、大方、庄重、严肃、沉着。世界上著名的建筑"金字塔""万里长城""天安门"等，都是以直线造型为主构成形式的平面几何体形态，它们表现出了庄重神圣的气质。服饰中的西装、中山装也具备这一类的造型特点，在正式的场合穿着这样的装束，会显得简练而严肃。

2. 几何曲面形态

几何曲面体是由几何曲面所构成的方块或回转体。如球体、圆台、圆锥、圆环等。几何曲面体的主要特征是秩序性强，既严肃又不缺乏曲线的变化，是产品设计中特别是家用器皿等设计中的理想造型。因为，这样的造型机能体现一定的视觉亲和力，又由于它规则有序的生产方式，便于大批量地投入到市场当中（如图5-5）。

3. 自由曲面形态

自由曲面体是由自由曲面所构成的立体造型。这样的造型既优美活泼（如图5-6），相对于几何曲面体而言又没有过多的构成秩序，设计语言较为轻松，是许多体现个性需求设计的较好表现。如果曲面变化太大，各面的曲线不一致，容易失去整体感，显得凌乱。

4. 自然形态

我们把自然环境中自然形成的一些偶然形态归纳为自然形态，这类形态的特征是朴实、自然，自然形态又包括有机形态和无机形态两种。有机形态指的是接收自然法则支配或适应自然法则而生存的形态，也就是富有生长机能的形态，如树叶、花朵等（如图5-7）。而无机形态指的是原来就存在于世界上，但不能继续生长、演进的形态，如珊瑚、化石标本等。

图5-3　平面几何形态1（学生习作）

图5-4　平面几何形态2（百度图片）

图5-5　几何曲面立体（学生习作）

图5-6　自由曲面立体（学生习作）

图5-7　自然形态（百度图片）

知识链接 在大自然中去寻找立体形态，设计源于生活，设计时的设计灵感，往往与大自然中的生灵息息相关。因此，在生活中寻找立体形态，可以帮助我们更好地完善设计理念，丰富设计手段，利用设计素材。

课堂实训 以摄影为手段，搜集大自然和生活中的多种形态。

1. 作业以分组的形式完成，每组负责一种立体形态的资料拍摄。
2. 每种形态的资料搜集，包括大自然中原生形态的搜集和生活中优秀设计的搜集。
3. 对各种立体形态的气质特点以及优点与缺点进行总结分析。

第二节　材料与技术意识

意识完整优秀的立体作品，总是离不开对材料的完美体现，如石材的刚毅坚实，毛绒材料的柔软和天真，泥土材料的自然朴实，无不展示着各自不同的视觉语言。材料是造型的物质基础，不同的材料可以表达设计师不同的想法，体现不同韵味。而同一种材料，也可以因为它的不同加工方式而展现不同的效果。因此，构成的基础问题，就应该要解决材料的选择和加工的问题。下面，我们将对材料和加工技术进行两方面的学习。

一、立体构成中的材料

针对不同的设计任务，需要重点考虑变现材料的性质和特征，从创意、选材、加工、成型各个步骤，去完善立体造型的表现。材料不仅能展示出动人的表面肌理语言，还可以充分显示出它的内在特性和设计师所要表达的心理情感。因此，挖掘和充分利用材料，是一名优秀设计师必不可少的能力。

1. 材料的分类

立体设计中对材料的分类方式有许多不同的角度，但是从艺术创作的需求出发，我们更倾向于依据材料的构成形态出发，分为块材、线材和面材这三大类。

（1）块材（体材）：石膏、油泥、陶土、木材、泡沫塑料等，这类材料的特点是具有重量感（如图5-8）。

（2）线材：铝管、钢丝、金属棒、蜡烛、木筷、火柴、尼龙丝、橡皮筋、保险丝等（如图5-9）。

线材还可以详细分为软质线和硬质线。软质线也叫作压缩材，主要包括棉、麻、丝、化纤、铁、铜、铝等。其特点是，通常需要借助硬线来支撑或是悬吊、编织成形。硬质线又叫作拉力材，主要包括木、塑料、其他金属条材。其特点是，可以成为轮廓，也可以成为结构本身，显得可塑性很大。因此，不同的线材表现出来的特性差异也比较大，例如钢管、木筷等直线造型的线材，给人以紧张、干脆、有力度的感觉。而橡皮筋、细铁丝，则表现出流畅、韵律感强的特点。

（3）面材（板材）：金属板、纸张、塑料板、电木板、布、皮革、有机玻璃等。面材表面体现出一定的扩张性，而相对于块材来讲，其特点是，轻巧、单纯，表面是扩张，有充实感的（如图5-10、图5-11）。

图5-8　块材（百度图片）

图5-9　线材（学生习作）

图5-10　面材1（百度图片）

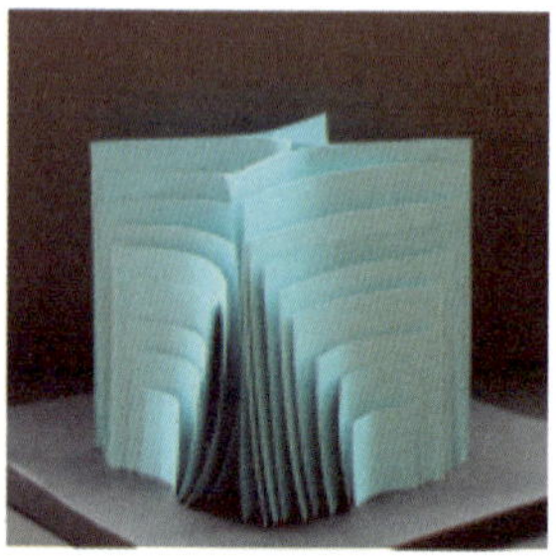
图5-11　面材2（学生习作）

块材、线材和面材在立体构成中的关系类似于平面构成中的点、线、面，它们既具有独立的视觉表现语言特点，又常常在设计中配合使用。

2. 材料的特性和情感特征

（1）纸质材料

纸张是我们生活中最常见而且最普及的表现材料，它不仅可以通过丰富的加工手段表现一定具有生命力的设计思想，而且它还是很多设计基本原理和空间造型能力初步实践的较好材料。例如，用于书写绘画的素描纸、宣纸、水彩纸，用于包装设计的牛皮纸、瓦楞纸、白板纸，用于印刷的铜版纸、新闻纸等，品种多样，特征也各自不同（如图5-12至图5-14）。纸材的特点可以概括为：弹性弱，强度较大，可塑性强。

强度较大是具有一定相对性的，例如对于本身密度不大、柔软性较强的纸材而言，众多产品包装都选择运用这种纸材来完成，它对一些较重物体具有保护功能。所谓强度，就是指，纸能承受对它作用力时的力的大小。

所谓可塑性强，是因为纸张的种类较多，不同的纸张可以选择很多不同的加工方式，可塑性强也体现在很多设计思想能够得以实现。纸材的加工方式方法有切形、折形、曲形、组形、表面加工等。其中，表面加工的具体方法尤其能体现它丰富的可塑性，具体可以分为以下几种：

加纹：让纸面上产生一定凹凸感的纹理。

起毛：利用工具对纸的表面刮、抓、磨、搓或撕去纸的表面。

黏附：往纸上撒上纸屑、纱或木屑等。

（2）木质材料

木材仍然是设计中广泛使用的一种材料，特别是在家居设计、建筑装饰中尤为广泛。木材属于天然的材料，因此它常常给人较好的亲和力，表现出自然朴实的优雅气质（如图5-15），其总体属性是材质轻、温和柔软。原木材具备优美的纹理，但也存在扭曲、干裂、变形、易燃、易虫蛀的特点。而且

图5-12　纸质材料1（学生习作）

图5-13　纸质材料2（学生习作）

图5-14　纸质材料3（学生习作）

图5-15　木质材料（搜狐）

由于木材种类繁多、生长环境差异大，因此，在选择木材作为设计原料时，要顺应具体材质的特点，将其与设计的理念和思想融为一体。

原木材具有得天独厚的新鲜感和纹理美，在运用其做设计的时候，要充分展示它纹理美的优势，特别要考虑纹理的走势和方向，既要完美变现，又应该充分顾忌受力的部位开裂或变形。旧木材由于时间的原因，特别能够展现出古色古香的气韵，在设计中选择运用旧的木材，特别能体现厚重、古雅、高贵的气质。自然树木形状，只要表现为树枝、树杈等，具有较好的节奏感和韵律感，可以展示出旺盛的生命力。

木材的主要加工方式方法有雕刻、锯割、刨削、连接组合等。

（3）金属材料

金属是一种古老的材料，在古代的工艺美术作品中，金属是不可忽视的重要材料，一方面它具有较好的实用性，是器皿设计常用的一种材料。另一方面它又具有较好的审美特征，且密度较大，易于保存（如图5-16、图5-17）。

随着科技的进步，生产力高度发达的今天，金属材料依旧是表现设计的重要手段。立体构成中可以使用的金属材料较多，有铁、铝、铜、金、银、锡、钨等，还有合金，甚至是金属和非金属的结合体（如图5-18、图5-19）。

金属材料给人的印象是坚固耐久，具有现代感，展现一种力量、速度、冷峻。金属的种类较多，性质也千差万别。它的物理特性主要表现为，重量较重，在高温下可以溶解，导电性、导热性强。它的化学性主要表现为，易产生化学反应，易腐蚀。机械特征主要表现为，坚硬、可弯曲等。

金属材料的加工方式方法较为复杂，大致可以分为可塑性的锻造加工和溶解性铸造加工这两种方法：

可塑性的锻造加工（物理性加工）：捶打、延展、弯曲造型。溶解性铸造加工：利用高温将金属化作液体后倒入其他材质的铸造模型中，冷却成型。

（4）石材

石材在生活中也较为普及，主要用于建筑设计和工艺设计中，建筑设计中常用的有大理石、花岗岩等。工艺设计常选用寿山石、青田石等。由于石材的加工方式以机器的切割为主，对于学生练习而言不太方便，因此，在立体构成课堂实践中使用不太多。但石材还包括，人工加工的砖和泡沫砖等。

（5）泡沫材料

泡沫是一种化工合成材料，可以用于保温、防震、包装等。由于质地松，容易切割加工，所以方便塑形。在使用泡沫作为艺术创作的时候，我们也常常结合其他材料。

泡沫是立体构成课程中较为常用的一种练习材料，它与纸质材料一样容易加工，可以试验一些设计构思。薄的泡沫可以用于面造型的练习，厚的泡沫可以应用于块的造型练习。在具体粘接的时候，可以用乳胶和玻璃胶这种类型的粘胶。

图5-16　金属工艺品（百度图片）

图5-17　金属雕塑（百度图片）

图5-18　金属材质1（百度图片）

图5-19　金属材质2（百度图片）

（6）石膏

石膏是一种白色粉末状的材料，加水搅拌后，即可凝结成固体状。石膏多用于块材的造型练习。

（7）玻璃

玻璃的使用，最早起源于古埃及和美索不达米亚。在古老的工艺产品和现代的时尚产品中，我们也常常能见到玻璃材料的运用（如图5-20、图5-21）。因为玻璃这种材料具有较强的情感表现力，它最大的特点是反光、晶莹剔透，常常展示出纯洁而整洁的气质。随着科技的进步，玻璃作为立体的材料，已从单纯的采光运用发展到环境等的调温、隔音。玻璃的改善方法有：着色、打磨、刻花、高温熔化吹制等。

（8）塑料

凡是可塑性的物体，都成为可塑体。塑料种类较多，差异性大，从应用上大致可以分为常用于家电制品与工业制品的通用塑料和仅用于工业制造的工程塑料。塑料的特点是，坚固持久，强度大，其风格是美观大方，且色彩的变化也能赋予其一定的内容，有现代感。

立体构成设计中，可以使用的塑料主要包括塑料线、塑料棒或是有机的塑料板等，多用于线材和面材造型。由于塑料在我们的日常生活中较为普及，因此在立体构成的课程中，还可以搜集废旧的塑料制品为变现和加工的材料，粘接方式也较为简单，可以选择使用强力胶完成（如图5-22、图5-23）。

（9）陶瓷

陶瓷原料主要取材于含硅和铝成分的岩石，其中此图是陶瓷的主要原料，纯粹的瓷土是一种白色或灰白色，具有丝般光泽的软矿物。

而陶土则具有原始感，将金属、玻璃、塑料等其他材质与陶土混用的方法，可以突破陶的表现，展示出丰富的材料效果。陶瓷的主要加工方法是焙烧、挂釉焙烧等（如图5-24、图5-25）。

（10）纤维

立体构成中的纤维材料，有纯天然的麻、棕丝、棉线、毛线、动物发丝、金银丝，植物柔韧的叶、根、茎、皮等。纤维材料主要用于线立体的构成（如图5-26、图5-27）。

创作手法：缠绕、穿插、切割、粘合、缝合、撕、叠压、切片、裁片等。

二、加工技术意识

在立体形态的塑造中，对于不同的材料，可以选择用不同的加工方式。对于同一种材料，也可以运用不同的加工方式而获得不同凡响的效果。材料的加工方式有很多种，但是大致可以分为“塑形”

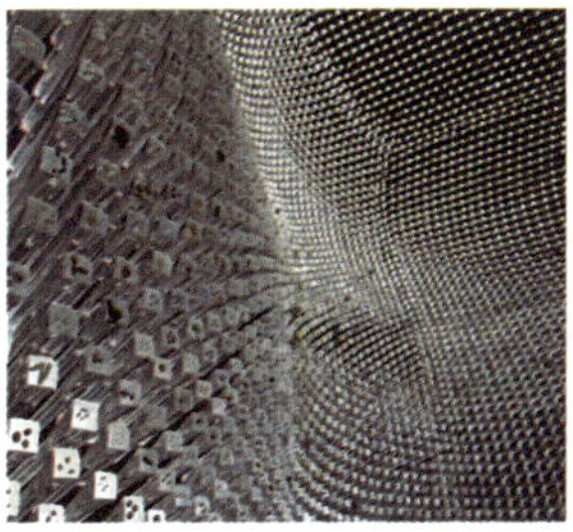
图5-20　玻璃在建筑中的应用

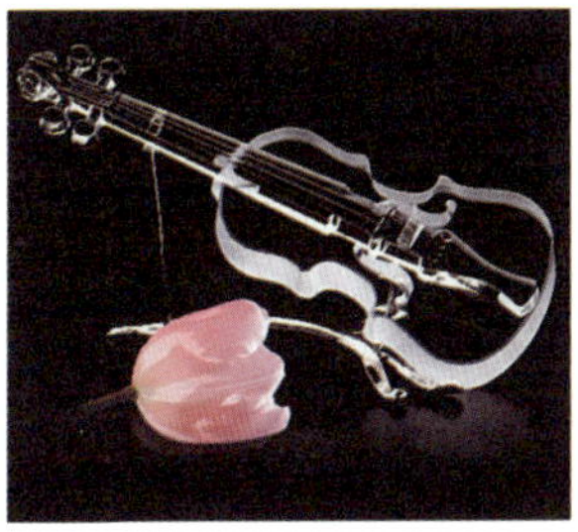
图5-21　玻璃制品

图5-22　塑料制品1（百度图片）

图5-23　塑料制品2（百度图片）

图5-24　陶瓷制品1（百度图片网）

图5-25　陶瓷制品2（百度图片）

图5-26　纤维材料1

图5-27　纤维材料2

和“组合”这两大类型。塑形相当于做“减法”，在原有材料的基础上进行二次加工，主要的技术方法包括，弯曲、冲压、切削、堆压、充填、注塑等。而组合相当于“加法”，把材料通过节点连接成型，包括熔接、粘接等具体的技法，使其组合成更加丰富的效果。

不同的材料有各自不同的常用加工技法，这些知识我们在前期认识材料的内容已经有很多了解。但在实际的教学活动中，立体构成的很多练习与纸材是分不开的，为纸材具备较好的可塑性，在这里，我们以纸材为例，把加工的一些常用技法做一定的归纳和介绍。

（1）划刮：用尖利的工具或是硬性的物体在纸张上进行刮或划，使其表面出现一定的痕迹，但是不产生断裂（如图5-28）。

（2）摁压：用具有肌理或是硬的物体把纸的表面压出痕迹（如图5-29）。

（3）剪切：用剪刀或是工具刀剪出开口。

（4）撕：用手自然地撕出断裂痕迹。

（5）折：用外力把纸折出起伏或转折。可以选择外形优美的物体作为边界起伏的造型，结合摁的手法，完成曲线或是直线的创意。

（6）扭：用方向相反的力把纸扭变形（如图5-30、图5-31）。

（7）烧：用火把纸烧黄、烧烂或者是烧变形（如图5-32、图5-33）。

（8）腐蚀：用药物使纸腐烂变质（如图5-34）。

（9）泡：纸材在泡湿以后可以还原成纸浆，再经过二次加工，可以形成一定的形体。

（10）插接：在切除切口以后，使纸插连接在一起。

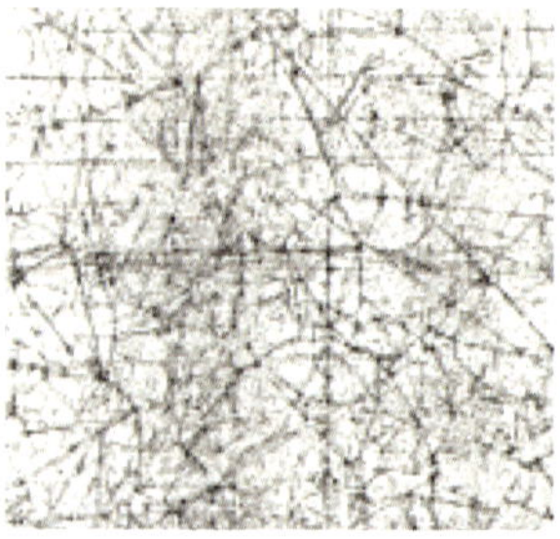
图5-28　划刮技术

图5-29　摁压技术

图5-30　扭制技术1

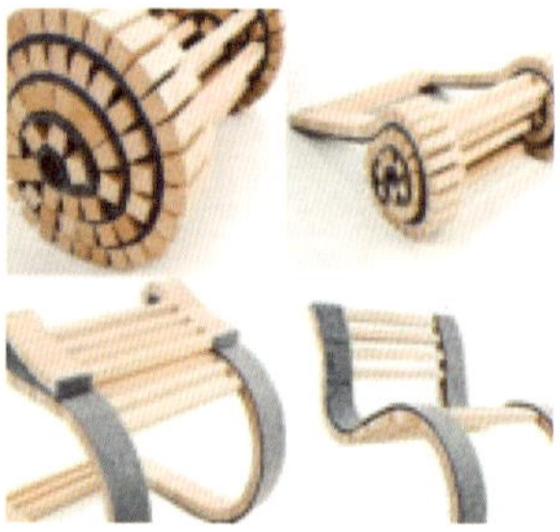
图5-31　扭制技术2

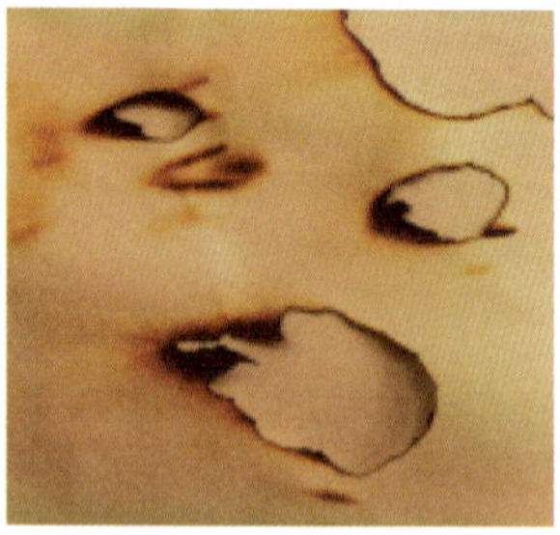
图5-32　烧制技术1

图5-33　烧制技术2

图5-34　腐蚀技术（百度图片）

知识链接　材料与加工技术对于现在的立体和平面设计作品起到了很大的表现作用，特别是现代科技的进步，从平面设计的印刷与包装设计中的材料运用，到环境艺术设计、工业产品设计等多个领域，都涉及对材料的运用。因此，对于材料的学习不应该脱离设计项目的本身，可以结合现实生活中设计产品的材料来认识。

课堂实训

做材料与加工意识的系列训练，两组作业要求具有连贯性和差别性。系列作业一，是对材料差别的认识，系列作业二，是对加工技术的认识。建议如下：

1. 作业一：搜集9种不同的材料，做9种不同的半立体构成，从中体会不同材料的形式语言（如图5-35、图5-36）。作业要求如下：

（1）规格：每张12cm×2cm，共9张。

（2）要求构成饱满，可多采用重复、渐变等形式表达。

（3）选择性质差异尽可能大的材料，尽量表现不同的材料特质。

2. 作业二：从所搜集的9种不同材料中任意选择一种，用7种不同的加工技术完成不同的构成形式（如图5-37、图5-38），从中体会不同技术手段的形式语言。

作业要求

（1）规格：每张12cm×2cm，共9张。

（2）要求构成饱满，可多采用重复、渐变等形式表达。

（3）尽可能地运用创意思维和丰富的手法改造、创造材料。

图5-35 不同材料的表现1（学生习作）

图5-36 不同材料的表现2（学生习作）

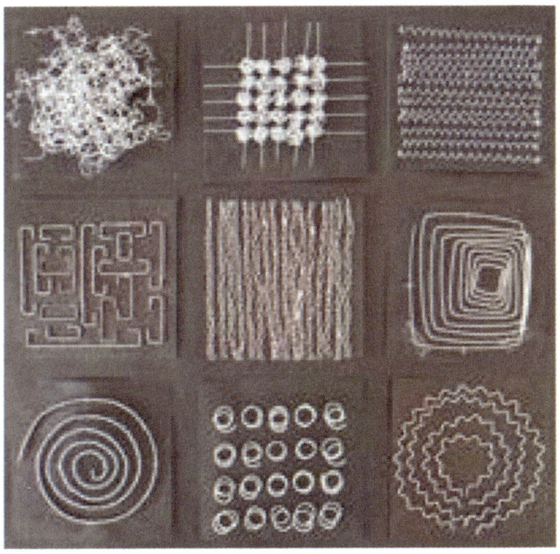

图5-37 相同材料的不同技法表现1（学生习作）

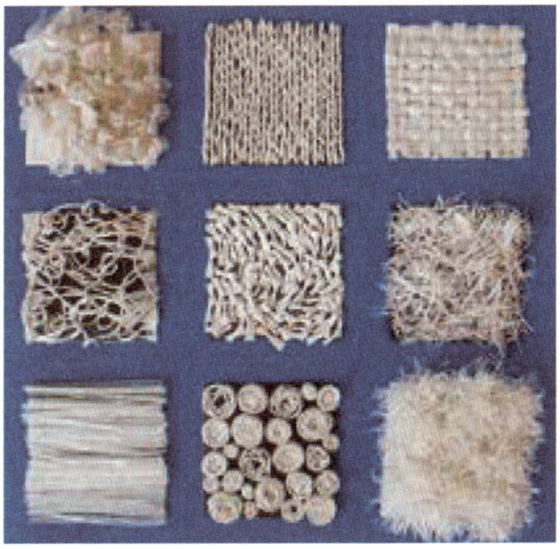

图5-38 相同材料的不同技法表现2（学生习作）

第三节 肌理

一、肌理的概念及特点

1. 肌理的概念

肌理既指物质内在质地构造的外在反映，也是形象的表面质感。立体构成中的肌理指材料表面的纹理、构造组织给人的触觉质感和视觉质感。视觉肌理是对物体表面特征的认识，触觉肌理是手或皮肤在触摸物体时的感受。在日常设计中加入肌理的效果，可以使最终的创意效果更加具有说服力。

肌理可分为天然肌理和人工处理的肌理，还可分为视觉优先型肌理和触觉优先型肌理。立体构成中的肌理是二者合一的综合肌理。

2. 肌理的用途

肌理在造型中的作用不是独立存在的，属于造型的细部处理，其作用主要有以下几点：

（1）肌理可以增强立体感，丰富立体形态的表情。许多完整而细腻的设计细节，都离不开肌理的表现，特别是在选择材料的表现时，可以利用材料本身的肌理美，增强物体的立体感，丰富视觉表情（如图5-39）。

（2）肌理的触觉功能可以具有情报作用。在某些时候，设计的合理性并不是一定要用视觉去完善，触觉也是体现设计功能合理性的一个非常重要的因素。在日常用品中，例如盖子、旋钮，也可以利用肌理的触觉功能增强设计的情报意义。

3. 肌理的特点

（1）肌理一般具有小、多和密集的特点

从构成上与大件的形态没有多大的区别，如果只是形体小而数量少则仅能构成独立形态却不能称为肌理。例如，人的个体与人群，当观者从远处或者高空见到许多人站在一起形成人群的时候，视觉中所见到的就是人所形成的肌理视觉，而当一个人站在观者面前的时候，这个人的形态就不能构成肌理视觉。因此，小、多、密集便是肌理的最大特点（如图5-40、图5-41）。

（2）肌理是以群体组织效果为重

以上谈到的小、多和密集的特点使得肌理的造型表现时以群体的组织为重，而以个体的形态作用为辅。离开集体，肌理就将失去它视觉的完整性。肌理本身是没有较大表现能力的，因为它“小”得已经不能够细化到表现自我，而必须以群体的力量去完善它的整体特征。

二、肌理的表现形式

肌理的视觉表现形式非常丰富，一般可以从形状、光感、触感三个方面来进行组织。

1. 形状的组织

肌理形状效果与平面构成中的形状一样，其具体的骨架有重复、渐变、发射、特异、密集、对比等，也遵循其形式美的法则。

2. 光感效果的表现

肌理的光感效果主要是来源于对物体光泽度的体现，材料表面的质地不一样造就了它们的反光能力也不相同，因此，所形成的光感效果也有很大的差异。

（1）细密光亮的质面：例如许多金属、陶瓷、玻璃等材料。这种材料的肌理由于表面的细密而反光能力强，感觉轻快活泼，细腻冷静（如图5-42）。

图5-39 肌理在包装设计中的运用（百度图片网）

图5-40 《空间综合体》（作者：Yong Soonchan/韩国）

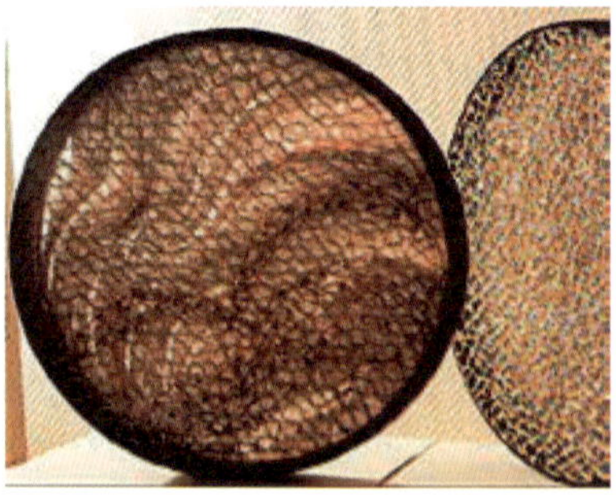
图5-41 《泉》（作者：王静轩）

（2）平滑无光的质面：木质材料、石膏等材料都属于此类的光感效果。它们对光的感知力较弱，没有反光，感觉含蓄安静、典雅（如图5-43）。

（3）粗糙无光的质面：许多纤维材料和部分旧木材的感觉均属于此类。这类肌理给人的感觉是稳重生动，厚重有力量（如图5-44）。

3. 触感效果的表现

与二维表现最大的不同是肌理具有触感感受。平时我们提到的手感、触感都属于触觉的直觉范围。所谓触觉，是指压觉、温觉、湿觉等综合的感觉。肌理的感受，可以用直接感受和心理感觉来归纳。

三、肌理的加工方法

肌理的加工方式比较丰富，例如印、撕剪、烧烤、粘贴、拓等，加上现在科技的飞速发展，合成材料也非常多，无论是视觉上还是触觉上，许多材料都可以展示多姿多彩的肌理效果。下面从众多的方法中介绍一些常用的供学习者参考：

（1）叠加：粘合现成的材料。将纸材或其他材料编排并粘贴在一起，高低起伏，呈现出多重效果（如图5-45）。

（2）改造：是指在原有的表面构造上改变其结构，通过雕刻、腐蚀、敲打、穿孔等手法来表现（如图5-46、图5-47）。

（3）烟熏：利用火焰的烟熏使物体的表面上产生一种肌理，将烧焦的痕迹粘贴在画面上，可以构成意想不到的肌理效果（如图5-48）。

（4）浸染：在具有吸水性的材质上，运用液体染料自由地进行渗透，这样可以产生斑渍状的肌理。或是在水中滴入颜料，再利用纸将色吸取上来，形成丰富的肌理效果。

图5-42　细密光亮的质面（百度图片）

图5-43　平滑无光的质面

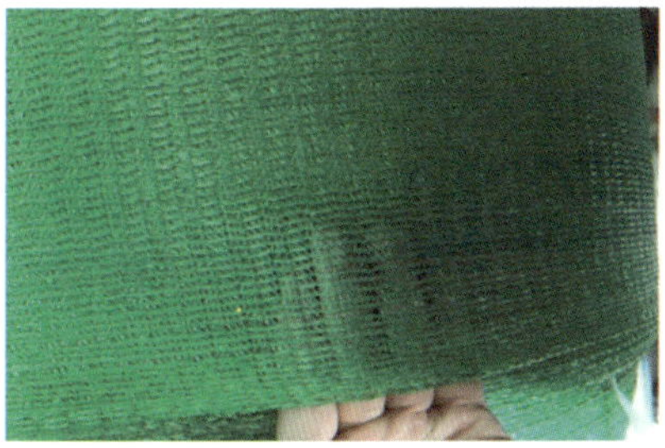

图5-44　粗糙无光的质面

图5-45　《变迁》（作者：庞礴）

图5-46　塑造的肌理

图5-47　敲打改造的肌理效果

图5-48　烟熏的肌理效果

知识链接

“肌理”是从平面概念过渡到半立体中的第一个知识点，不同的肌理是不同材料特点的重要表现，也是塑造半立体形体中重要的手段。在肌理的学习中，不仅要善于在大自然中发现自然肌理，还应该善于设计人工的肌理。

课堂实训

完成不同的肌理构成，练习4张，每张尺寸为15cm×5cm。

第四节　半立体的浮雕构成

一、半浮雕的概念及特点

在实际的应用设计中，有许多设计是三维浮雕的应用体现。除此以外，还有许多设计时处于三维的浮雕和二维平面之间的立体造型，例如建筑装饰的表面造型、装饰壁画的设计、产品包装的设计等。这一类设计，我们把它叫作半浮雕。浮雕的训练是在平面设计的基础上加上半立体造型能力的训练。要学习好半浮雕的技法，首先应该对半浮雕与三维圆雕的特点做一定的对比分析，以加深对半浮雕性质的了解。

圆雕的创作多属于纯艺术的范畴，作为一件艺术作品，它的观看角度及视点是不定的，也就是说，全方位性是圆雕最大的特点。观者从不同的角度对圆雕进行观赏认识，会带来不同的感受。因此，圆雕的造型必须考虑每个空间的视觉延展性，使其产生空间感、层次感。而半浮雕的观看只有一个角度，即正前面，视线也相对比较稳定。因此，在创作的时候可以减少许多空间转换的限制。

艺术创作中浮雕多以雕塑的表现形式去呈现，塑就是用一定的材料（一般是用黏土）堆在骨架上；雕即是把堆上的多余材料挖下来。如果把塑看作“加法”的话，那么相关联的雕可以看作是在做“减法”。在半浮雕的初步实践中，常常采用最便利的纸材来进行，因为它不仅容易加工，也具有一定的丰富性。与圆雕不同的是，这种材料的半浮雕练习常常采用“切”和“折”这两种手法来完成，针对于雕的设计领域，我们把半浮雕的练习分为抽象浮雕和具象浮雕两大类。

二、抽象浮雕

抽象浮雕的概念是相对于具象浮雕而言，它主要是指“切线构成”的延展练习。一个方面是指对纸质材料加工手段的深入研究，另一个方面也可以看成是二维平面中对切线部分的重复与近似构成的运用。

1. 以切线为主、折为辅的方法

由于抽象浮雕的切线练习是以重复与近似构成为基础，因此在切线的时候，应该尽量简洁，注重群体性的构成特点，并且考虑一下切线要领：

（1）切线长短的变化

切线较长可以形成整体的面构成，切线段则应该尽量使形体丰富化、细腻化，运用切线的长短对比，可以使形体更加丰富有变化（如图5-49、图5-50）。

（2）切线数量的变化

切线多的时候在构成中会显得变化多，如果把握不好的话，则会显得凌乱。切线少就可以结合折的方式，塑造形体。

（3）切线方向的变化

切线方向的变化是整个半浮雕构成基调的主要因素，方向的统一性，可以使整个设计有较好的视觉统一性（如图5-51至图5-54）。

（4）切线线性的变化

除了较好把握的直线以外，把直线的切线延展到圆弧也是一种丰富视觉的表现，可以带来丰富多样的变化。

2. 折的方法

折的方法看似比较简单，如果要形成多样的效果，则需要掌握一定的技术甚至借助一些工具来完成。折直线较为普遍，但是折的过程中仍然要考虑线长短、方向、数量的变化特点（如图5-55、图5-56）。在折圆弧线的时候，可以借助一些硬的材料，通过压痕、弯曲的方式来完成，甚至可以结合

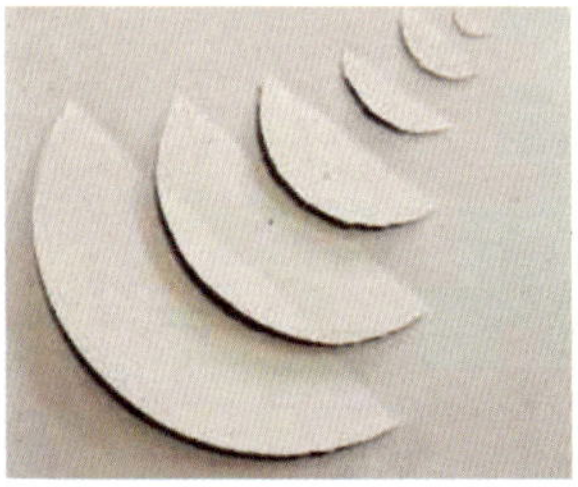

图5-49　切线长短的变化1

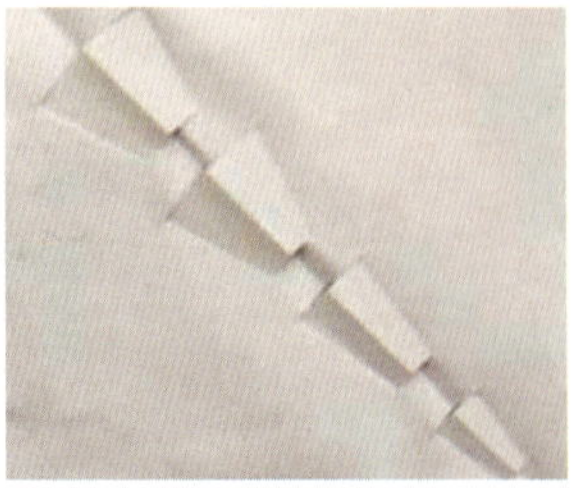

图5-50　切线长短的变化2

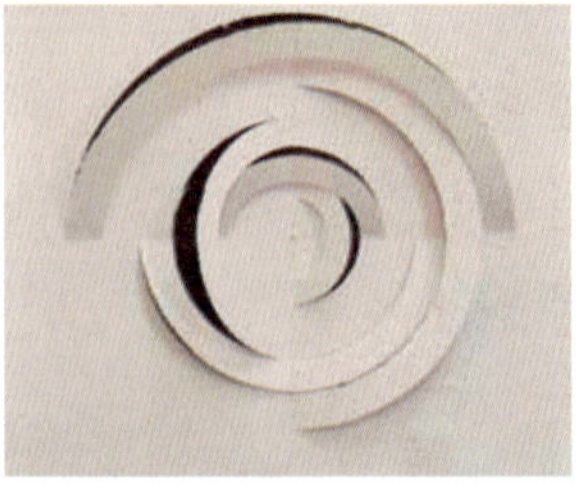

图5-51　切线方向的变化1

图5-52　切线方向的变化2

肌理的运用，用敲打、摁压等方式加工而成（如图5-57、图5-58）。

三、具象浮雕

具象浮雕除了具有一定主题的创作以外，在立体构成的训练中更多的是对材料属性的进一步深入研究和利用，也就是说在具象浮雕的创作过程中，我们应该多考虑材料本身的特点，完成主题意向的设计（图5-59）。利用材料自身的特点，来进行形体的塑造，主要是哪种造型更适合用哪种材料来进行表现，或者是在确定了主题以后，用给定的材料进行改造来表现。

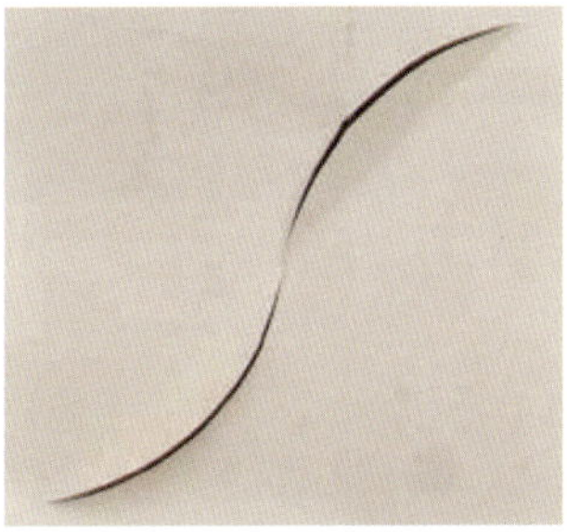

图5-53　切线方向的变化3

图5-55　直线的折法1

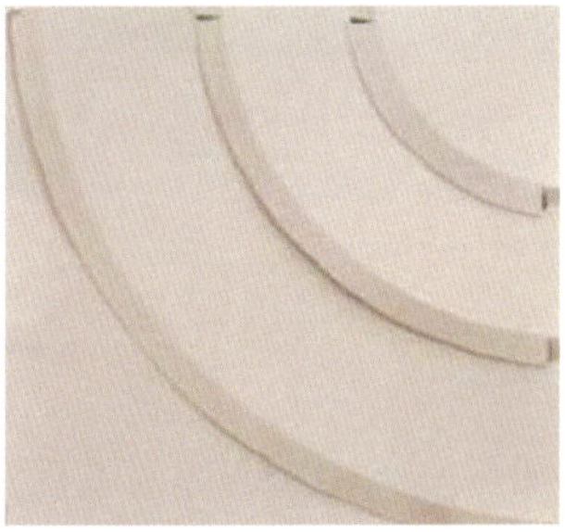

图5-57　曲线的折法1

图5-54　切线方向的变化4

图5-56　直线的折法2

图5-58　曲线的折法2

图5-59　纤维艺术作品（百度图片）

知识链接

对于半立体的概念而言，当代纤维艺术是一个较好的突破，它不仅具有传统艺术的工艺特色，又利用了很多现代的新型材料，使技法和材料得到了很好的结合，是半浮雕训练的优秀例子（如图5-59）。

课堂实训

1. 进行切线练习，完成一组（9个）切线练习，每个尺寸8cm×8cm
2. 完成一件半立体的纤维艺术作品，注重材料的加工手法。

第六章

立体构成的基本要素

6

人们生活在充满着各种各样立体形态的环境之中，无论是司空见惯的日用物品，还是每日居住的房屋空间，甚至是人类自身形体和大千世界，无一不是三维形态。因而，对于学习和从事设计的学生或工作者来说，掌握立体构成的基本原理和相关知识尤为必要。

立体构成作为研究形象设计与空间构成形态的课程，其构成要素分为：

1. 形态要素：包括点、线、面、体构成的形状和色彩。

2. 结构要素：将基本形以及由此分解而来的形的基本要素组织起来的造型方法。

3. 关系要素：数量、方位、光线、动静。

4. 材料要素：常用材料的材质属性特征。

5. 空间要素：是由物体与人之间产生的相互关系形成。

6. 形式要素：形式美法则。

立体构成由于自身的特殊属性而具有极强的理性特征，其构成的基本形态需要运用分解与组合的方法才可以予以体现。“分解”指的是把一个相对完整统一的造型个体分化为若干个基本造型元素，即还原该造型最初始的基本形态。“组合”则指的是按照立体构成的基本原理重新组合分化，成为基本造型元素的形态再成为新的造型个体。分解和组合在某种含义上可以理解为互逆的过程。

立体构成同时具有抽象性，其对于立体形态的表现具有积极意义。抽象性通过立体形态的理性构成，体现着形式美的原则，展示着造型个体的风采。与具象属性不同的一个突出之处是，抽象的立体形态往往来自设计者内心充满激情的艺术感受，通过形态传递给人们美的享受。然而立体构成的抽象性也不排斥具象的存在，反而可以成为三维形态丰富表现的启示源泉。

系统性在立体构成的展示中，也具有非常重要的作用。涉及其他综合性问题的立体构成，其表现不是单一的，比如在建筑设计中，其立体形态的构成涉及美学、工艺、土木、力学、材料等诸多系统性因素。因此，在构成立体三维形态的同时，不可忽视其他相关因素，比如材料工艺等。每种不同的材料，都有其相应的加工工艺，同种立体形态用不同材料和工艺进行加工，都会有迥然不同的效果。因而要达到理想的立体造型表现，就需要进行系统的研究和有效的控制才可能创造出新颖美观的三维形态。

学习研究立体构成的基础形态要素，正是要求学习者主动培养自己的空间想象能力和三维思考意识，研究和探讨在三维空间中如何用立体造型要素和语言按照形式美的原理，创造出富有个性和审美价值的立体空间形态。通过对立体形态进行科学、系统的分析和研究，掌握立体造型的基础知识和表现手法，从而创造出新的艺术形态。

第一节　单体结构

单体结构包括柱体结构和球体结构，通过单体结构自身的切削、折卷、挖切等变化，可造型出不同的形态，同时可为进一步的组合做基础变形准备。

一、柱体结构

首先，我们先来认识一下柱体的形成。柱体的形成为面的移动轨迹，拥有三个空间的维度，并且占有实际的空间量（如图6-1），这个是普遍意义上的柱体模型。提到柱体，人们一般会想到希腊罗马柱式（如图6-2）。在建筑造型中，柱体要素也可以看作是块体（如图6-3）。它与面的主要区别为：不再是二维空间中平薄的面，而是三维性很强的体块，兼具一定的重量感、稳实感和空间感。

柱体有着自己明显的特性，其具有时空性（四维空间）、有光影、无框架的特征。与此同时，柱体具有自身的形体表情与内在含义，从垂直、水平和倾斜三个方向来阐述。

水平方向的柱体（如图6-4）往往具有平静、平和、永久、舒展的形体表情，同时也存在给予人负面的心理感受，如疲劳、死亡、空旷、荒凉。这两类相反的内在含义，统一而对立的存在于水平方向的柱体之中，与人们当时的心境、体块所处环境等都有着密切的关系。

垂直方向（如图6-5）的柱体则集高洁、权威、庄重、肃穆、崇高、伟大和傲慢、孤独、寂寞于一体，整体上给人以距离感，弱化亲切感。

斜向（如图6-6、图6-7）的柱体相对比较生动、活泼、轻盈，同时也存在着一定惊险、危及、动荡的内在含义。

柱体的造型方法可大致分为三类，即消减、添加和组合。

消减法（如图6-8、图6-9）：可理解为将整个实体可切割去除的可能性统一列出，根据形式美设

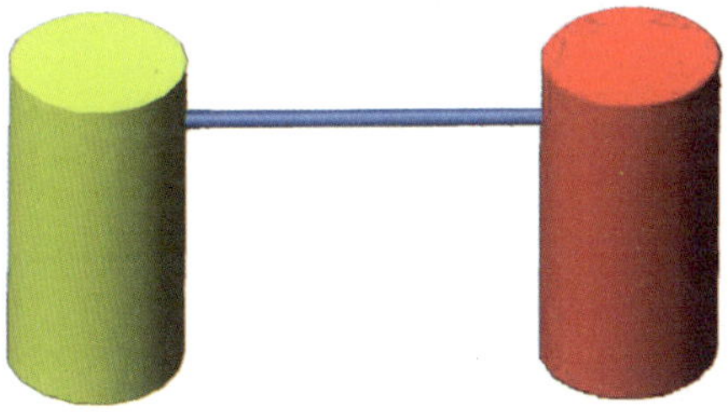

图6-1　柱体

图6-2　著名的罗马柱

图6-3　建筑造型中块体概念（全景网）

图 6-4　水平方向的建筑体模（搜狐）

图6-5　垂直方向的柱体（百度图片）

计原则，将不可者逐一剔除，得到纯粹的新形体的方法。

添加法（如图6-10、图6-11）：即在原有形体的基础上增加新的结构体块的方法。此方法应当注意整体、比例、质感、色彩和形象等因素对柱体最终形态的影响。

组合法（如图6-12）：是由几个部分或个体结合成整体，组织起来成为整体的方法。此方法需要注意以下六个角度：主从、距离、高低、方向、明暗、位置。

柱体的连接方式大致可以分为以下四种：平接、连接、咬接、贯穿。

图6-6　斜向的柱体建筑1（长顺网）

图6-7　斜向的柱体建筑2（搜狐）

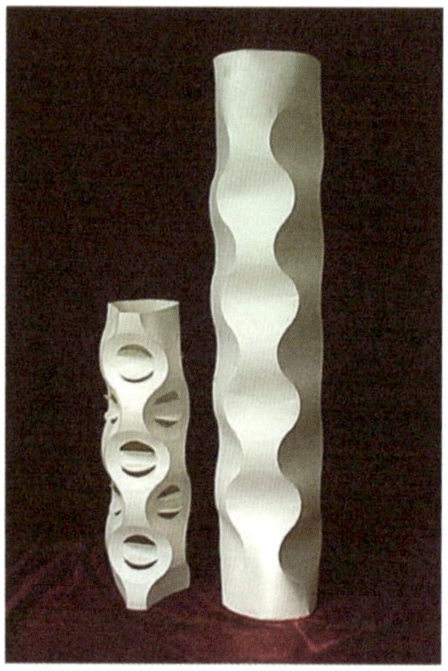

图6-8　消减法的圆柱表现

图6-9　消减法的方柱表现

图6-10　添加法柱式表现

图6-11　添加法在建筑中的表现（搜狐）

图6-12　组合法在建筑中的体现（搜狐）

平接：就是指柱体和柱体之间进行平行的连接，体和体之间可以有接触面，也可以没有接触面（如图6-13）。

连接（如图6-14）：是指柱体和柱体之间进行面与面有接触的连接，可以平行，也可以交错，或者叠合、穿插。

咬接（如图6-15、图6-16）：是指柱体和柱体之间相互咬合的连接（如图6-17）。

贯穿（如图6-18、图6-19）：是指柱体间的穿过、连通（如图6-20、图6-21）。

综上所述，柱体在空间中能形成一定的重量感和体积感，其稳定和厚重的特点，有时能够表达特殊感情和传递信息。

二、球体结构

球体结构和柱体结构都是由面组成的却有着形态上本质的差别，从理论上讲，球体表面是没有可划分的面，是一个完整的曲面。但在具体制作中，球体可以由多个面围合粘连而成，所以，球体也有面之分。属于球体结构的球块大致可以划分为，原形球块和变态球块，原形球块包括正圆块、椭圆

图6-13　平接方式的柱体表现（无忧文档）

图6-14　连接方式的柱体表现（www.hebradio.com）

图6-15　咬接示意图

图6-16　咬接示意模块

图6-17　建筑间的咬接表现（视觉中国）

图6-18　贯穿示意图

图6-19　贯穿示意模块1

图6-20　贯穿示意模块2（搜狐）

块、多面球块。变态球块包括球面变化、半球体、不规则球体。

球体结构是块材组合中的一个重要部分，它具有多边性、多样性，其变化最为丰富。球体结构可以综合角块的动感和方块的量感，其变化形式如下：

（1）整体球指的是球体结构间秩序性（如图6-22）的组合，或者变化性（如图6-23）的组合。

（2）半球体（如图6-24、图6-25）指的是正半球体组合、反半球体组合、虚实半球体组合或者大小半球体组合。半球体丰富了球体的类别，组合球体的丰富性成为此刻探讨的焦点。将切削程度不同的球体组合在一起，也会产生不同的感受，不同表面肌理质感的球体，同样也会影响到人的情感。

（3）削切球体（如图6-26、图6-27）指的是切削程度不同的球体进行的组合，变化切点的球体进行的组合，或者切与挖的球体的组合。此处提及的切点，指的是相交的切点，就是上下的粘合点、正侧的粘合点。相交切点的位置，会直接影响到球体组合的稳定性，而且对它的切削处理的程度，又会丰富球体的多样性，增强球体的稳定性。切削的球体虽破坏了圆的完美感，却制造出残缺美的情感（如图6-28、图6-29）。

图6-21　贯穿在建筑中的体现（百度图片）

图6-22　球体秩序性组合

图6-23　球体变化性组合

图6-24　半球体组合球体

图6-25　半球体组合手法创作的悉尼歌剧院（百度图片）

图6-26　削切石膏球体

图6-27　削切球体个体

图6-28　削切球体组合

图6-29　日常生活中以球体削切手法设计的灯具（百度图片）

知识链接

“体”作为立体造型元素的最基本形态，其视觉特征十分突出

（1）视觉感富有稳重性、秩序性和永恒性。

（2）相对二维物体更有重量感和体积感。

（3）占据三维空间，有着特殊的空间感。

（4）块立体的语义表达与其体量有关。

学习立体构成，应该留心观察生活，对于三维形态进行理性分析和艺术化理解。在我们生活中不断积累，才能够感受到立体形态的美感，以及可能创作出更富有新意的三维形态……

课堂实训

从生活中寻找3个你感兴趣的立体形态，观察并感悟它，做形态的结构分析。作业要求：运用拍摄的手法搜集你感兴趣的单体结构，并以图解的方法或者制作简易模型来理性分析其结构。请注意单体构成的特性（体量感、空间感、稳定感等），应选用适当的材料加以表达。

例如图6-30至图6-33中的作品分别是从花、树枝和鸟巢3个司空见惯的三维形态中汲取的灵感，作者进行了主观的分析和理解，用不同的材料表现单体形态。我们要在这个课堂实训中理解单体构成的方法和表现形式，并且培养自己理性分析三维物体的新习惯。

图6-30

图6-31

图6-32

图6-33

第二节　线立体的组合

一、线立体的概念及分类

从几何学理解线的概念，即线是点移动的轨迹，线的运动构成了面。而从立体构成的角度理解线，则线是指相对细长的立体形。线立体主要是从立体构成的角度来阐释的，它是以长度为特征的型材，线有位置、方向和长度，没有宽度和厚度。线立体有着丰富的形态，在造型学上的特点是，表达长度和轮廓。人们对于不同的线可能产生的心理感受也是不一样的，因而线具有不同的情感特征（如图6-34、图6-35）。

线立体的构成通过线群的集聚构成不同样的线型，它们会产生层面感、伸展感和空间感。我们将不同构成的线立体按照人对它的心理感受分成积极的线和消极的线两种。积极的线立体往往是独立存在的线，比如常见的球网、网线、电线、钢筋等（如图6-36、图6-37）。消极的线立体则是不独立的线，即两个面的交界处、三维形体的转折处以及虚拟的空间之中存在线，这类线的存在不易辨认，比较隐晦，所以称为消极的线（如图6-38）。

线材立体构成的特点是，线材本身不占据空间，而是通过线群的集聚表现出面的效果，再运用各种面的包围，而形成封闭式的空间立体造型，这样的空间形态中多为虚体构造。线材构成所表现出的效果，具有半透明的形体性质。由于线群的集合，线与线之间会产生一定的间距，透过这些空隙，可观察到各个不同层次的线群结构，这样便能表现出各线面层次的交错构成。这种交错构成所产生的效果，会呈现出网格的疏密变化，它具有较强的韵律感，这就是线材构成空间立体造型所独具的表现特点（如图6-39、图6-40）。

线立体在立体造型中有着非常重要的作用。首

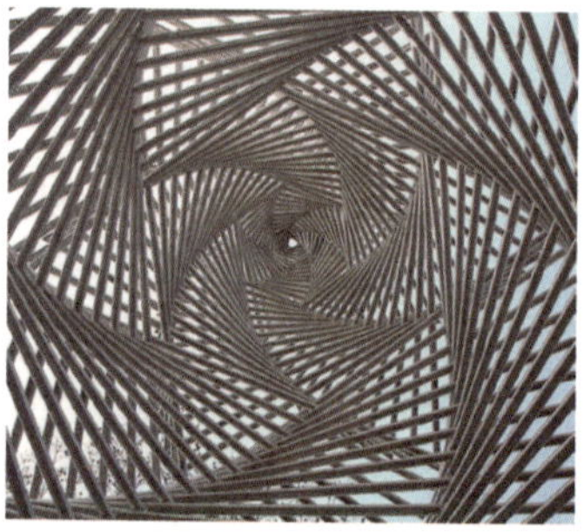

图6-34　公共雕塑1（图行天下）

图6-35　公共雕塑2（聪慧网）

图6-36　钢筋（积极的线立体）

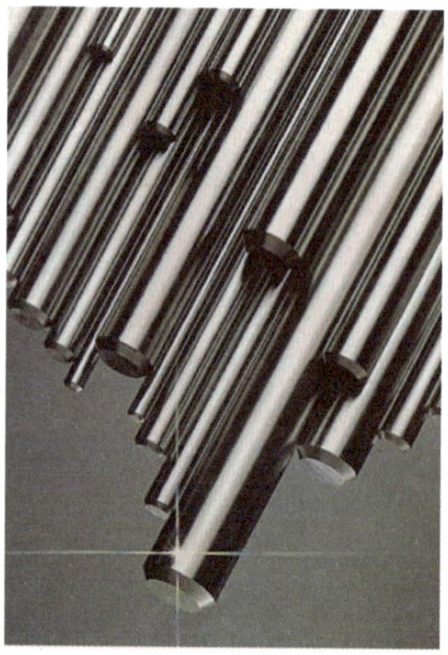

图6-37　钢管（积极的线立体）（聪慧网）

图6-38　建筑内部空间（消极的线立体）（昵图网）

图6-39　以线的疏密排列分割空间（百度图片）

图6-40　竹编作品（线的疏密变化有较强的韵律感）（昵图网）

先线立体可以决定形体的方向性，并可以把形象的轻量化表现得淋漓尽致。因为线材本身具有方向性，它所构成的立体造型也必然具有与它相应的方向。立体形态由线材围合或按一定规律组织时是以一定的空间形态出现的，这样的空间形态中多为虚体构造，所以显得轻巧（如图6-41）。

其次，线立体是构成形体的骨格，也称为其构造（如图6-42、图6-43）。除此之外，线立体可以称为形体的轮廓，产生速度感，也可以显示动势。

二、线立体的构成

线立体在立体构成中重要作用的体现一般是通过线材来完成形态塑造的。在使用线立体在三维空间中构成立体时，要注意两方面的问题，一是其造型的结构，二是线材间的空隙。协调好二者间的关系，才能够使整个立体形态具有较强的层次感、伸展感及韵律感。

线立体的构成，可分为软质线材的构成和硬质线材的构成两大类，软质线材的构成可分为三种：框架构成、自垂构成、编结构成。硬质线材的构成方法可分为五类：长短不一的组合排列、由发射中心向四面排列、垂直的透明吸管排列、用硬质线材形成多个单体后再组合、利用材料组合成多种造型形式，下文将系统说明软硬质线材的构成方式。

（一）软质线材的构成

1. 框架构成。软质线材一般是依赖于框架的造型变化而变化的（如图6-44、图6-45）。框架的造型按设计者的意图来制作，框架的结构可选用正方体、锥体、圆柱体、五棱柱、六棱柱、多棱柱等造型。框架上的接线点各边的数量要相等。接线点的间距可做等距分割，或者从密到疏渐变次序排列。线的方向可以垂直连接，也可以错位连接，或者横边连接竖边，或从上部边框交错方向接到下部边框。

线与线的交叉构成，在方向和交叉角度的变化中主要有两种状态：一种是渐变的条形网格结构，接近于平行的交叉，所形成的造型呈现逐渐变化的条形网格效果。另一种是接近于垂直的交叉，呈现方格造型，其方格线的横向、竖向及宽窄出现不同对比。线材与框架的结合，会有强烈的韵律美，结合方法可以打线结，可以在框架上打小孔，用线穿过并固定在框架上，或将木条割成切口，再加白乳胶粘合固定软线材，制成悬挂

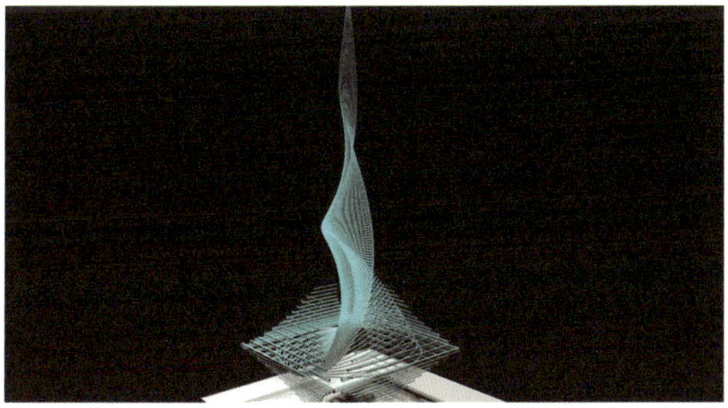

图6-41　具有轻巧感的线立体（志乐园）

图6-42　线立体雕塑（花瓣）

图6-43　线立体建筑模型（花瓣）

图6-44　软质线材立体构成

图6-45　软质线材框架构成

或软雕塑的立体造型等。

2. 自垂构成。利用线材自己垂落的特性，形成动感空间或不固定空间，比如我们常见的水晶帘吊灯就是自垂构成的典型。

3. 编结构成。选用软、薄的线材，通过彼此间的穿插、盘绕，形成球体、方体、角体、平面造型。像渔网、窗纱、毛衣、中国结等都是依靠编结成型的（如图6-46、图6-47）。

（二）硬质线材的构成

硬质线材构成是用木条、金属条、塑料细管、玻璃柱等条材组合而成为的立体造型。硬质线材也可称为柱材，因为它与棉、麻等软线以及铁丝、铜丝等软质线材相比，除了有硬质的特点外，一般还有一定的形态，如圆柱、棱柱、透空柱、围合柱以及异型柱材和软质柱材等。硬质线材在构成前先确定好支架，构成后部分撤掉，只保留硬质线材构成的部分。常见的造型方法有：

1. 长短不一的组合排列。通过线立体密集的构成，让硬质的线形成面，构成空间的穿插错动（如图6-48）。

2. 以发射的方式将硬质的线由发射中心向四面排列，或离心式、或螺旋式，让骨格线折曲，如同桥梁的结构设计（如图6-49）。

3. 垂直的吸管排列，形成点、线、面之间的结合。直线形柱体条材，或细管材的垂直构成，在结构上可有不同的层次，其造型也可以进行多项的组合构成，形成整体的丰富变化（如图6-50）。

4. 用硬质线材形成多个单体，形成优美的律动，然后将多个单体组合。将线形条材组成方形、三角或扇形的单体造型，然后从小到大做渐变排列，并进行变向转体等多种变化，这种构成形式，可以表现构成群体的韵律美。

（1）累积构型：是将柱体线材或线框体堆叠成型，可直立、倾斜、横卧等形式累积（如图6-51）。

（2）围合构型：是将线材通过直立排列围合成型。比如可以将不同的材料进行自由高低围合、高低渐变围合、等高线围合、单形围合、异型围合等（如图6-52）。

（3）转体组合：是将条形硬质材料先在中间偏侧的部位做支撑点，用白乳胶粘合，或用金属丝穿透，固定在一起，再进行转体变形。或预先构成扇形及其他形式的小型单体结构，再进行重叠、交错，形成各种造型（如图6-53）。

（4）框架组合：是将硬质条材先制成框架再加以组合排列。在框架空间内，材料可以采用平行或垂直的结构，部分做斜向排列，局部也可留出空

图6-46　中国结（搜狐）

图6-47　编结构成（家居频道）

图6-48　排列组合（学生习作）

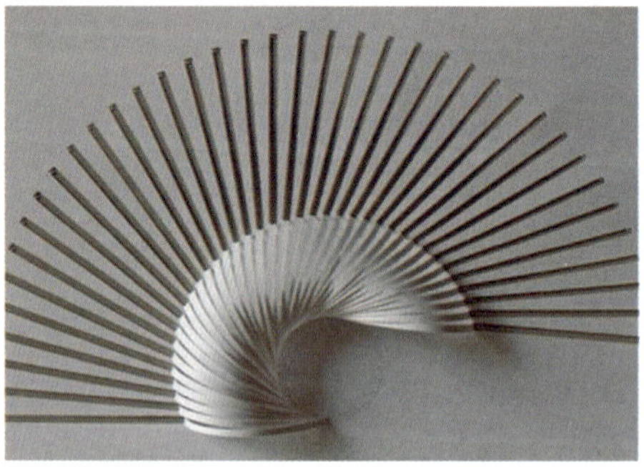
图6-49　发射方式线立体（学生习作）

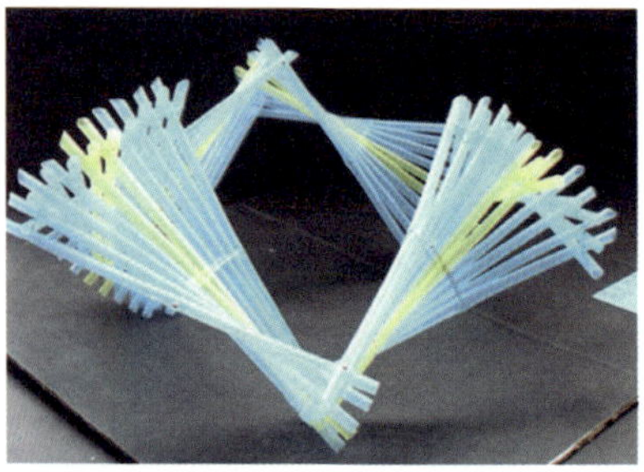
图6-50　吸管排列（学生习作）

图6-51　累积渐变手法的线立体（百度图片）

间。整体造型形成各种变化，能造成互相交错的韵律美。线材本身是一种带有细长感觉的形体，视觉效果较弱，所以在造型中应尽可能以组团的形式出现，以增加视觉冲击力（如图6-54）。另外，由于线材的通透性好，遮挡性差，因而要学会处理好线材与线材之间的相互关系，处理好线材高低疏密的节奏。

5. 利用各类硬质材料，进行多种形式的组合造型（如图6-55、图6-56）。

（1）连续构成：是选择有一定硬度的金属丝或其他线性材料以连续的线做自由构成，使作品产生连续空间的空间效果（如图6-57）。

（2）累积创造：是把单体线材重叠累积起来，线材相互间没有固定的连接点，从而形成可以任意改变立体构成。其特点是不加钉，无须绑定或粘合，只依靠自身重量和上下结合面的咬合结构，来保持形态的稳定（如图6-58、图6-59）。

线层结构是将硬质材质沿一定方向，按层次有序排列而成的具有不同节奏和韵律的空间立体形态为线层结构。软质线材必须依赖于框架的造型变化而变化，硬质线材可先确定支撑框架，构成后撤掉临时支撑架，保留硬质线构成的效果（如图6-60、图6-61）。

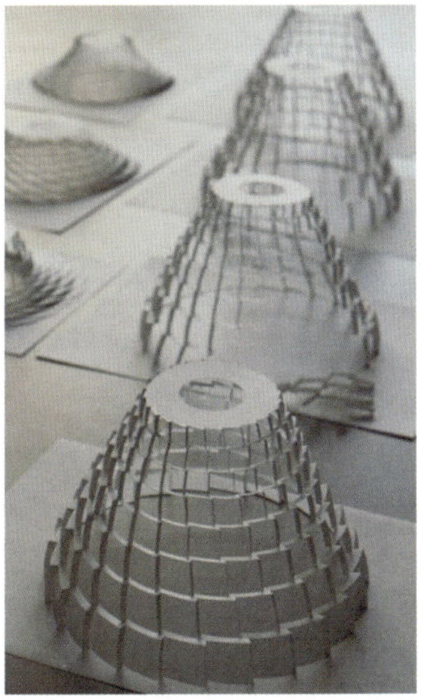

图6-52　单形围合线立体（百度图片）

图6-53　转体组合

图6-54　软线框架线立体（学生习作）

图6-55　线立体构成（花瓣）

图6-56　线立体

图6-57　连续构成

图6-58　累积创造1（颜秋平创意作品集）

图6-59　累积创造2

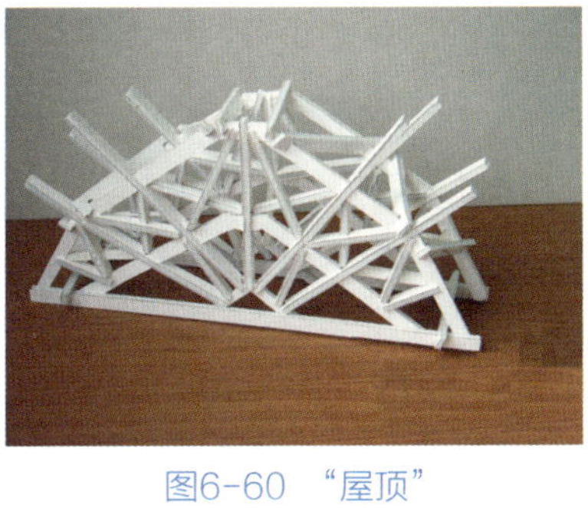

图6-60　“屋顶”

图6-61　线层结构的线立体

知识链接

框架组构是用硬质的线型或线状材料制作成基本框形，一个基本框形为一个单元或单位（基本框形呈立体形态，形状大小可以完全一致，也可以根据造型需要略微变化），再将多个单元通过移位叠加、错位叠加、重复叠加、线框内置、线框穿插等方式组构在一起，这样的立体造型称之为框架式空间。总之，要注意局部和整体的统一和谐，使局部服从于整体的表现。

1. 线框拼合（如图6-62）方法：对接、斜接、堆接、槽接。

2. 基本框形的变化有以下四种：

（1）支柱倾斜变化（如图6-63）。

（2）支柱位置变化（如图6-64）。

（3）支柱高低变化（如图6-65）。

（4）支柱曲折变化（如图6-66）。

3. 线框叠加的基本方法：重复叠加

（1）基本框形面与面接合叠加线框组构（如图6-67）。

（2）基本框形边与边接合叠加线框组构（如图6-68）。

（3）基本框形的交错叠加组构。

①角与角叠加组构（如图6-69）。

②错位叠加（如图6-70）。

③移位叠加（如图6-71）。

④线框穿插组构（如图6-72）。

⑤线框内置组构（如图6-73）。

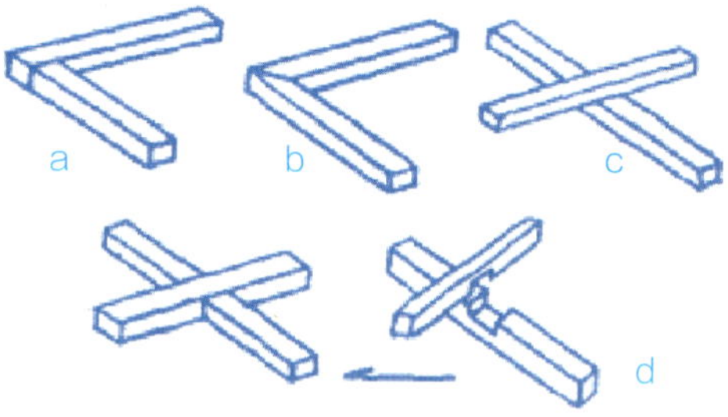

图6-62　线框拼合示意图

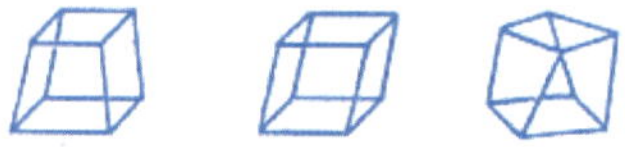

图6-63　支柱倾斜变化

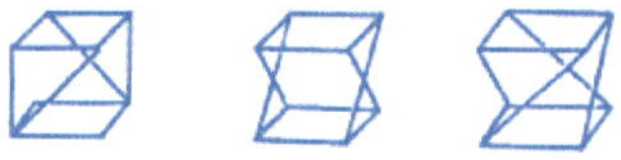

图6-64　支柱位置变化

图6-65　支柱高低变化

图6-66　支柱曲折变化

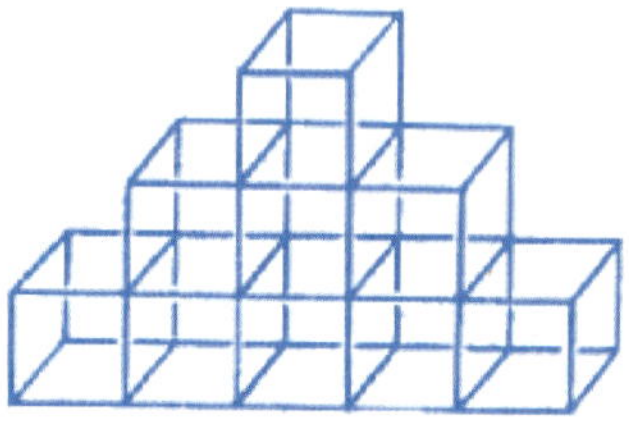

图6-67　基本框形面与面接合叠加线框组构示意图

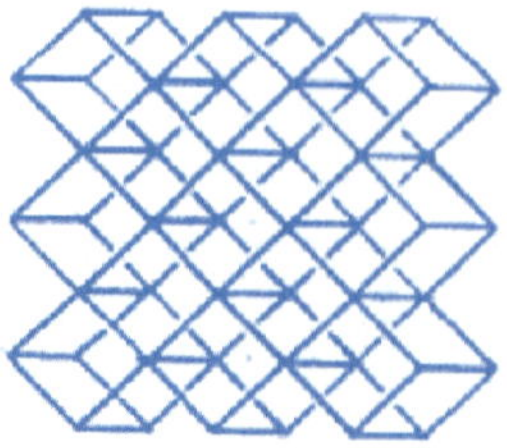

图6-68　基本框形边与边接合叠加线框组构示意图

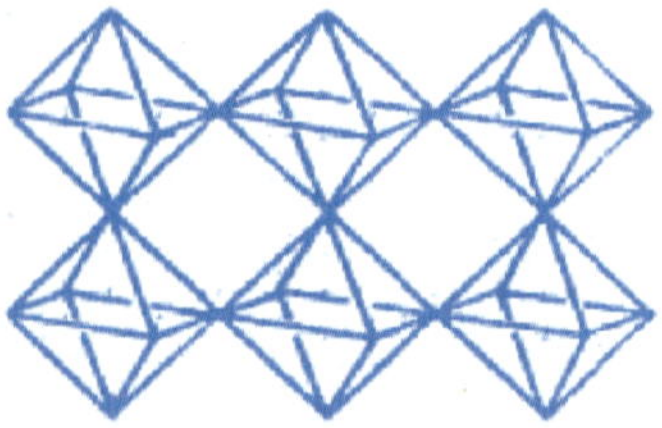

图6-69　基本框形角与角叠加组构示意图

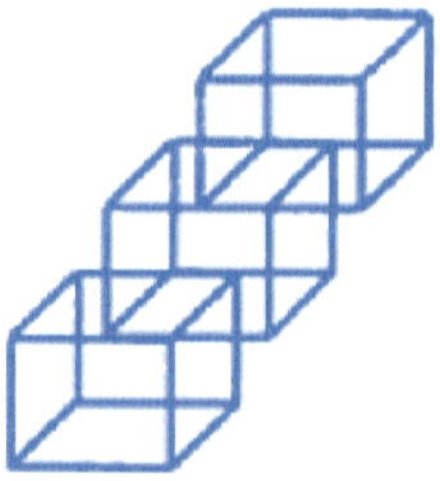

图6-70　错位叠加示意图

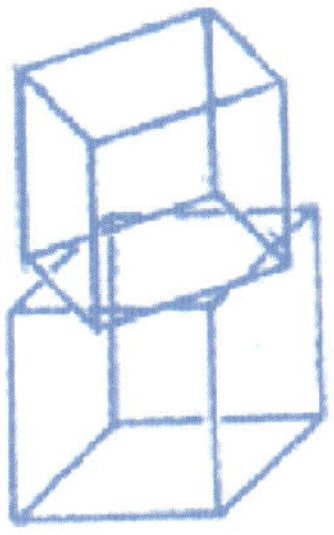

图6-71　移位叠加示意图

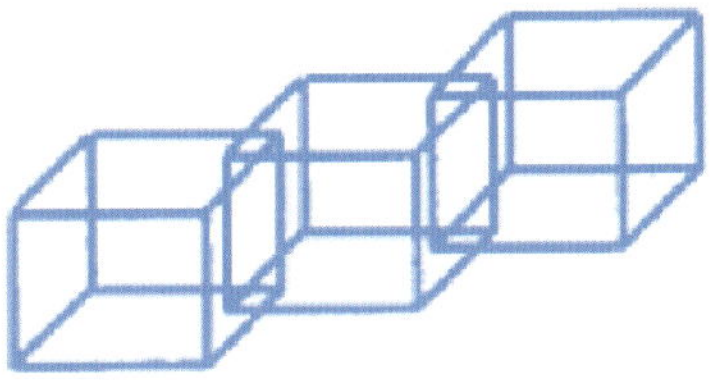

图6-72　线框穿插组构示意图

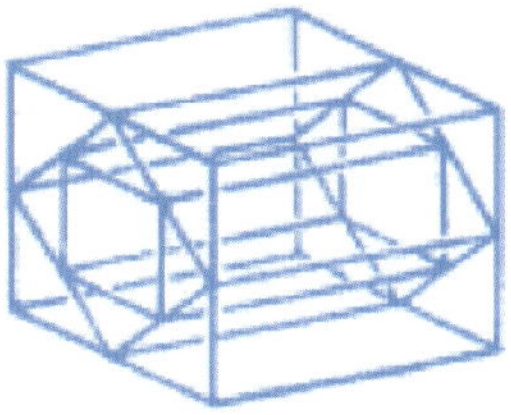

图6-73　线框内置组构示意图

课堂实训

思考各种线材的不同构成方式（硬质、软质），运用综合线材和不同构成方式完成综合性较强的构成作业。主题不限制，根据线材的构成法则，要符合一定的形式美感，可采用切割、缠绕等方法进行制作，材料不限。

提示：软质（木框架、木托板金属构架、壁饰构成）平面线层、线织面、曲线面。硬质（直线透明柱体组合、单体造型组合、转体组合）连续构成、累积创造、线层结构、框架结构（如图6-74、图6-75、图6-76）。

图6-74

图6-75

图6-76

第三节　板立体的组合

在立体构成中，板材的表现形态十分丰富，一般可以分为平面板材和曲面板材两种形态。在立体造型（如图6-77）的设计中，两种形式的板材都有规则和不规则之分，我们经常将两者结合运用，创造出丰富变化的空间。

图6-77　板材结构建筑模型（搜狐）

一、板材的概念及分类

板材是以长、宽二维空间来构成的立体造型，是比较明显的、薄的形体。板材虽然有一定的厚度，但其厚度与长度相比要小很多。板材也称为面材，它在造型学中分为积极的面和消极的面。

板立体：主要是以平面形态在空间构成中产生

的形态，例如：书本、门。其特征是：面积感、延展性以及可以分离空间性（如图6-78、图6-79）。

在实际中我们看到的情况有两种：

1. 属于独立的二维延展知觉形态，如纸张、布料、铁皮等。

2. 紧紧依附于体上的表面部分。

二、板材的构造方式

板材的构造方式较为多样，主要有以下五大类：

1. 折板构造（可分成四种方式）

（1）直线折曲构造（如图6-80）。

（2）曲线折曲构造（如图6-81）。

（3）切割构造。将板材按照一定的方式进行切割，然后把切割的部分进行翻转处理，从而创造出一种新的立体形态造型手法。可以反复利用一种切割法，也可以组合利用两种切割法，要注意切割的形状不应过于复杂。

（4）带状构造。带状材料经过卷曲、翻转就可以得到连续曲面的立体形态（如图6-82），创造这种立体形态需注意下面几点：

①注意带状材料的连续性。

②把握运动的节奏。

③可以使部分与部分互相接触或近乎接触，形成空间趣味性。

2. 薄壳构造

薄壳结构主要是将板材进行折叠或弯曲，达到极大的力度和强度，类似贝壳、蛋壳形态。在现代建筑中被广泛运用，比如悉尼歌剧院。将平面压磨成各种有机形曲面，使其具有空间的灵活性和虚空性，既可做出具象形态方面的作品，又可以发挥造型在抽象方面的表现力，做出更多层次的艺术视觉薄壳。

3. 插接构造

插接构造（如图6-83、图6-84、图6-85、图

图6-78 某城市广场景观（搜狐）

图6-79 插接结构灯具（百度图片）

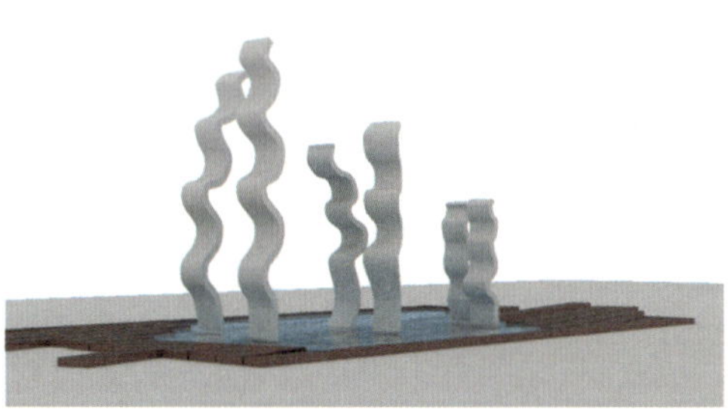

图6-80 波光水影

图6-81 曲线折曲构成示意图（花瓣）

图6-82 “律动”（作者：张建祖）

图6-83 插接板立体（花瓣）

图6-84 插接的板立体1（文档网）

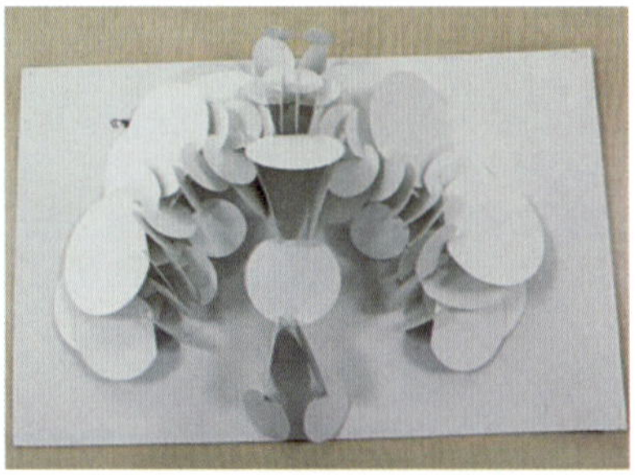

图6-85 插接的板立体2（百度图片）

6-86）是将每块板材各自裁处缝隙相互插接，相互钳制，使之插接在一起，形成较稳定的造型手法。由于插缝是靠摩擦力结合起来的，因而插接的牢固与否与面材切缝的长度和截面厚度有密切关系，这种方式也便于拆装和组合。以板材的平面部位作为接合处，按一定的秩序进行排练、组合，构成一个新形态。

4. 可展开或变形的多面体

5. 层面排出

层面排出指的是将板材的单元基本形态进行有次序地连续排列，单元基本形态的变化可以是由大变小，由圆变方，由直变曲等（如图6-87、图6-88）。

图6-86　插接创意座椅（昵图网）

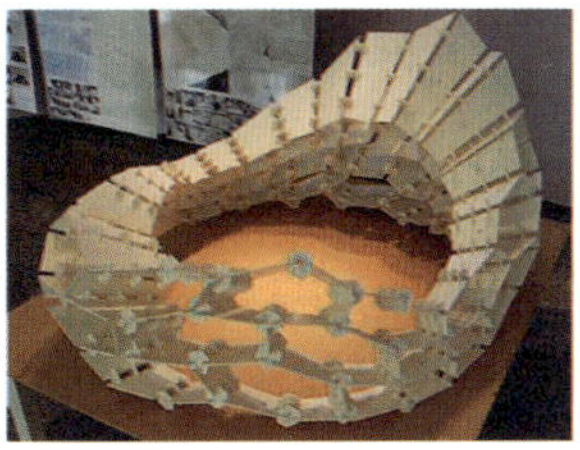

图6-87　抽象板立体

图6-88　“叠”（蒲域教育文学网）

知识链接

利用板材的折叠或弯曲来加强材料强度的形态，称为薄壳构造。切割并剪除后，将两条边相互粘连在一起，或粘在同一个物体上，从而得到一个突起的半立体形态就是薄壳构造。薄壳构造可分为筒形（柱形）壳体和球形（多面）壳体。

（1）筒形（柱形）壳体。指的是能忍耐各方向的压力，制作时要考虑到形体的完整性，注意直径与高度之比、纹理粗细与强度的关系等。

①壳体构造。

②柱体的构成。

柱体的构成多种多样，主要有以下八种手段：直线压曲构成、曲线压曲构成、柱面折曲转体构成、在棱线部分进行分割、柱面切割、柱体切割压缩构成、移位转体构成、柱端造型变化（如图6-89）。

（2）球形（多面）壳体。利用简单的壳体做单元组合，可创造出变化丰富的球形（多面）壳体，注意在制作模型时要注意边缘的收缩（如图6-90）。

图6-89　“卷动”（花瓣）

图6-90　曲卷的雕塑（百度图片）

课堂实训 板材的形状具有一定的延伸感，侧面边缘处近似线材，而面的连续处却很像块材的表面。所以，将面材巧妙运用可产生线、面、块的多重特点。结合所学知识，设计一款创意书架（如图6-91至图6-93）。

图6-91 创意书架1（搜狐）

图6-92 创意书架2（搜狐）

图6-93 创意家居（搜狐）

第四节 块立体的组合

一、块材的概念及分类

块材也称作体，是立体造型最基本的表现形式。块材是具有长、宽、厚（高）三维空间的立体量块实体，它能有效地表现空间立体的造型。块材所构成的立体造型具有连续的表面，可表现出很强的量感，其造型给人以充实感和稳定感。

块材单体的基本造型往往较精巧简练，它是在三维空间中按不同方向运动的面的结果，可以由板材围合而成，也可以由板材运动形成。块体单体间的连接体现着重复美和整体上形成的韵律美，表现出一种特有的秩序美感（如图6-94、图6-95）。块材的特点是重心稳定，占据三维空间，与外界有明显的界限，是一个封闭的、力度感强的形体。

块材有三个基本形：球体、立方体和圆锥体。一般来说，能独立支撑的形体在造型中常使用块材来作为基本形。体的视觉感受与体量的大小有一定关系，大而厚的体量，能表达浑厚、稳重的感觉。小而紧凑的体量，能表达灵巧、多变的感觉（如图6-96、图6-97）。

二、块材的构成方式

造型学中块材是最具立体感、空间感、量感的实体，它能够体现出封闭性、重量感、稳重感与力度感。在具体的立体构成设计中，我们经常运用一些特殊的方法，对简单的形体进行再加工，从而形成丰富的空间形态，比如变形、减法构成、加法构成、聚合、打散重组等。

块材的部位变化，可以分为整体变化和局部变化。整体变化是指在整个块材上做添加或减削的处理，局部变化则是在块材局部添加或减削处理。因为块材具有一定厚度，能够比较直观地看到切削、分割后的变化效果，所以在这里我们把块体的部位变化加以说明：

1. 增减变化

块体的部位添加或减少，都会使原有块材总量发生改变，从而形成新的块材。对块体的部位进行切、挖、钻、镂等手段造型，并让单体、多体、异体进行粘合，可以丰富块材的造型语言。

（1）表面增减：在表面附加某种形体或雕刻某种形态的洞孔（如图6-98）。

（2）边线增减：在边线插加或挖切某种形体（如图6-99）。

（3）棱角增减：在棱角附近增加或雕刻某种形体，或做切除修饰（如图6-100）。

2. 分割变化

分割是在保持原有块体总量不改变的情况下通过等分、均分以及自由分割等方法处理，通过重新组合后，形成新的块体。分割时要注意局部与整体

图6-94　“积”（中国公共艺术网）

图6-95　某广场景观

图6-96　大而厚重的体量

图6-97　小体量（图行天下）

图6-98　全镂空和半镂空（百度图片）

图6-99　边线增减的立体构成（花瓣）

图6-100　平均分割（百度图片）

的关系，让每个形体间都能有所沟通与交流，保持新形体的完整性，形成原形体的残缺美。分割时要求共性，不是简单地化整为零，也不是为了变化而变化，而是为了探求形成新的多面体的途径。

（1）等分：把块材做等量性的分割。如二等分、三等分、对称切开（如图6-100、图6-101）等。

（2）任意分：分割结果是不对称的。一是随意性切割，即自由分割、切割块材（如图6-102）；二是偶然分割，比如失手跌落成碎块。

（3）形式化分割：立体断面的形状根据分割角度、分割面形而变化。在曲面立体、直面立体上都可以运用水平分割、垂直分割、倾斜分割、曲线分割、折线分割等手法（如图6-103）。

（4）综合分割：将分割方法与切挖方法综合使用，形成更加丰富的块材形体（如图6-104）。

三、块材的组合方式

1. 角块的组合

角块的组合重点应以表现运动感为主。角块的方向性直接影响到统一感，它具有较强的运动感，方向的变化性就是运动感的体现。但不是所有的角块都具有明显的方向性，如等边角块组合，其方向感就弱。而不等边角块组合时，其单体方向感就

图6-101　分割组合（哔哩哔哩）

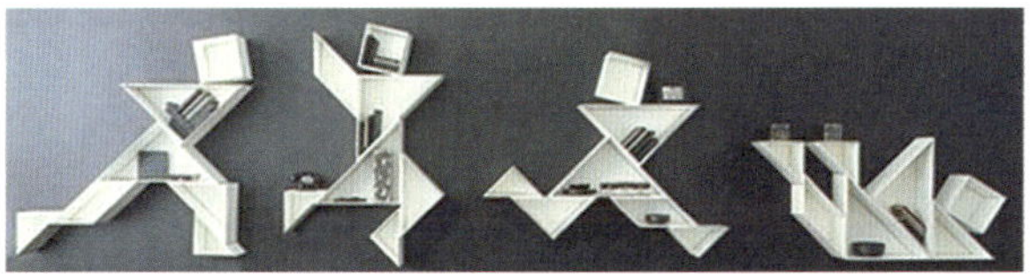

图6-102　创意书架（新浪）

图6-103　分割插接立体构成（百度图片）

图6-104　建筑模型（站酷）

强，就容易造成方向的杂乱感（如图6-105）。

2. 方块的组合

无论是等量方块、不等量方块，还是方块的大小、厚薄、宽窄都存在有较明显的稳定性。方块的组合重点应是表现秩序感、韵律感。方块方向性具有很强的统一感，横平竖直会给人以稳定感。在水平组合方块材时，块的方向指示性较弱，适合于体积的表现。当方块材以角相接触时，会有极强的动感。所以，在平稳中寻求动感，寻求变化，是方块材组合时需要重点思考的内容。

方块的组合相对比较有秩序感：有直线排列、螺旋排列、梯状排列、错位排列（如图6-106）。

3. 变化性组合

在块体组合时，有时候会进行适当的块体变形，其目的是为了让立体形态更为丰富。小的形体动势要含蓄、亲切（如图6-107），大的形体动势应明显强烈（如图6-108）。

此外，块材的组合中，分割和聚集造型也是补充手段。分割是一种减法创造，有分裂、破坏、切割三种方式。聚集相似于“组合”的概念，其方式有堆砌组合、接触组合、贴加组合、叠加组合、贯穿组合（如图6-109、图6-110）。

图6-105 不等边角块方向感较强（中科商务网）

图6-106 不规则方块组合的椅子（搜狐）

图6-107 变形多面体花器

图6-108 迪拜摩天大楼（百度图片）

图6-109 叠加组合的多面体

图6-110 贴加组合的多面体

知识链接

体从形态上大致分为：几何平面形、几何曲面形、自由体和自由曲面体。

（1）几何平面形：是指以四个以上的平面，以其边界直线互相衔接在一起所形成的封闭空间的实体，如正立方体、长方体、正三角锥体和其他以几何平面所构成的多面体。它们能表现简练、大方、稳定的特点。

（2）几何曲面形：是指由几何曲面所构成的回转体，如圆球、圆环、圆柱等。它们的特征是：表面为几何曲面，秩序感强，能表达理智、明快、幽雅和严肃又端庄的感觉。

（3）自由体：是指无特定规律的自由构型，有柔和、平滑、流畅、单纯、随意的视觉感受，它们大多反映的是朴实而自然的形态（如图6-111）。

（4）自由曲面体：是指由自由曲面构成的立体造型。其中大多数造型为对称形，表现为对称规律的形态加上变化丰富的曲线，具有端庄、优美、活泼的特点。

课堂实训 结合面材构成所学知识，寻找生活环境中运用了插接、薄壳、仿生结构等形体的事物（如图6-112）。

图6-111　自由体广场景观（花瓣）

图6-112　建筑中的面材构成

第五节　线、板、块的综合构成

所有实际生活中的立体构成都是以综合形态出现的，我们在学习中选择单独形体练习的目的是要有针对性地研究每一个单独形象，以便能更准确深入地把握形式美感，也是为后面的综合练习奠定基础。综合构成更强调点、线、面的衬托，对比、联合、分离、接触、渐变等关系组合变化，形成创造符合不同需求的立体心态。

1. 强调功能的构成

功能主义是现代主义设计、人性化设计、绿色设计等现代设计风格都要遵循的首要原则。功能主义认为，一件物品或建筑物的美和价值取决于它对目的的适应性。形式追随功能，功能第一，形式追求“少就是多”。绿色设计风格认为，在功能性的目的下，只有最大限度利用宝贵的劳动力和原材料的设计才是优良设计。绿色设计把设计功能作为首要原则，“少量化、再利用、资源再生”是绿色设计的三原则。

2. 强调材料的构成

材料不仅是设计的物质保障，而且是一种积极交流感情的媒介。在立体构成中，常见的材料包括：纳米材料、信息材料、能源功能材料和环境材料等。材料构成应遵循的原则：

（1）注重材料的自然特性。

（2）材料的人文含义和组合特征。

（3）材料量能的视觉化（如图6-113）。

3. 强调形式的构成

形式是将材料按照一定的运动变化规律组织成整体艺术样式的表现。色彩、线条、韵律等要素是创造过程本身的必然要素，功能只是产品与生活之间的关系之一。形式不只是为了表现功能，本身也是一种隐喻符号，可表达特定的文化内涵。材料不仅是物质保证，也是情感的载体。

4. 强调意象的构成

强调意象是指给形态注入情感、情绪与情态，或追求“一种无目的、不可预料的和无法准确测定的抒情价值”。它使造型充满生命力，突破纯粹模式，成为能引起诗意反应的作品，专注于对情态、性格、意象表现的研究。

线、板、块综合构成的方式主要有以下四种：

1. 线和框组合

直线框架、三角框架组合、方框架组合、曲线框架、正圆框架组合、椭圆形框架组合。角框与线、圆框与线、方框与线、异型框与线组合。框，实际上给人的感觉是面，虚空的面（如图6-114、图6-115）。

图6-113　石像

2. 线与面组合

线面的插合组织结构主要有七种方式：直线曲面与直线斜面、单纯直线面、曲线曲面与曲线直面、直线与直面、直面与曲面、曲面与直线、曲面与曲线。

3. 线与块的组合

组合的方式主要有六种：直线与方块、直线与球体、直线与角块、曲线与方块、曲线与球体、曲线与角块（如图6-116）。

4. 面与块的组合

（1）完形组合：完形与不完整的组合。

（2）自然形体组合（如图6-117）。

（3）块柱组合（如图6-118）。

（4）多种形态的组合：变化形态中求统一。

图6-114　线框组合景观雕塑（站酷）

图6-115　线框组合城市雕塑

图6-116　线面块结合的景观雕塑（中国风景园林网）

图6-117　创意灯具设计

图6-118　柱块组合构成

知识链接

强调功能构成应遵循的原则

（1）重视以立体造型的使用功能为出发点，提倡科学性和使用时的方便和效率。

（2）发挥新型材料和造型结构的性能特点。

（3）经济型的重要性，使人力、物力、财力最少化。

（4）形式与内容（功能、材料、结构、工艺）的一致性。

（5）废弃表面、外加的装饰。

课堂实训

选择自己感兴趣的形体，运用所学知识，进行理性的研究，制作一款有特色的照明灯具（如图6-119、图6-120）。

要求如下：

（1）自行设计单体，尺寸不限。

（2）材料自选，尽量不用普通纸材。

（3）造型不仅遵循美的原则，更应有创造性。

图6-119　仿生灯具设计

图6-120　创意灯具设计

第七章

立体构成中的空间审美

7

立体构成主要研究的问题就是空间立体造型，它利用立体造型元素及构成规律，借助材料和技术的手段，来塑造立体和空间，完成三维视觉造型的活动过程。由此可见，空间的塑造是立体构成的核心，对其空间的美学分析，即是此章的主要内容。立体构成中的空间塑造，可以从两个方面来理解：

1. 立体构成的空间塑造是一种三维空间的形成过程。我们生活的世界，是三维的立体空间，相对平面构成来说，立体构成具有更复杂的空间体验。前几章所阐述的平面构成，是将造型基本元素表现为二次元形状的学科，简单理解就是只有长和宽的形状，且只从一个视点来观察事物，较注重视觉感受。而立体构成则是将造型基本元素表现为三次元形状，不仅仅有长和宽，还有高度及深度。并且，立体构成是从多个视点来观察的，较注重视觉及触觉的综合感受。平面构成可以用形状来确定某一物体，而立体构成，可以说是没有固定的形状和轮廓，它是随着观察者的角度和距离的变化而变化的。

2. 立体构成是一种造型创造的新观念，包括感性的直觉创造和理性的逻辑创造（如图7-1、图7-2）。也就是说，在立体的空间中，使用不同材料，将点、线、面、块等基本形态元素进行组构，将造型元素按照美学原则组成新的形态。它不仅是材料的运用、个人情感意志的表达，也是形态的逻辑创造，是科学的造型方法。因此，立体构成的训练，是综合性的，是把视觉、技术、材料相结合的基础学科。

图7-1　创意灯具（下方的小球弹起灯即打开）（百家号）

图7-2　枷锁”（百度图片）

第一节　立体构成的审美原则

立体构成在造型的过程中遵循一定的审美原则，通常指把变幻的、散乱的素材或材料加以合理的组织、安排，构成一具体的样式。因此，形式法则也被称作构成法则，它是决定一切事物形状和结构的根本。所谓形式法则，就是人们对自然或人工的美感现象做出的系统化、理性化的分析，并经过长期的验证所得到的阐释，它是为创作美感形式而提供的依据。

一、对比与统一

形式美的总法则第一条就是对比与统一。对比强调对象的差异性，统一强调对象的一致性。对比与统一在艺术设计中指的是一种互助互利的关系，相互统一且相互影响。

对比在立体构成中主要表现形式有长短、方圆、色彩、大小、材质、几何形与自然形的对比等。它倾向于表现各种不同形体之间，彼此不同性质的对照，着力表现形体间的差异性。对比是取得变化的一种重要手段，可以使形态活泼生动，个性鲜明，产生强烈的刺激力和表现力。它的主要作用体现在使造型具有生动活泼或亢奋的效果，形态构成缺乏对比就没有活力，失去运动感。对比能轻松地达到突出重点或强调主旨的目的，但作品中对比也不宜过多，否则就会产生不和谐。

统一追求各个元素之间的相似性，在视觉形式上达成画面中一切元素统一的效果。画面中构成元素出现的种类越少越接近，呈现统一的可能性就越大。统一是任何优秀作品都具备的共性，它可以协调画面中构成各部分对比的和谐性。但是过分追求统一，就会变得死板，所以要将对比与统一相结合，才能得到一份完整的构成作品。也就是说，艺术作品的表现不仅需要量，也需要质才能实现形态构成的价值，需要设计师协调统一形态构成的各个要素。

对比和统一是相互依存共生的同胞兄弟，设计作品既要有新颖的外观，又要有统一形态外观与内部空间、形状、结构、体积的能力。但只有对比而没有统一，就会杂乱无章。对比与统一相辅相成，是矛盾的统一、辩证的统一。立体构成从许多方面体现出对比与统一的关系。

1. 形体存在对比与统一的关系。不同形状和体量的形态构成，使形体呈现出对比与统一的关系。反映这种关系最典型的是，简单的几何形体。人们可以从它们之间具有统一性和整体性理解对比与统一。几何原理的形式美感，不仅从它本身得到体现，还在其他艺术中（比如建筑）表现得淋漓尽致。世界建筑艺术史上的丰碑，很多都很好地体现了几何原理的形式美感原则，比如古罗马的万神庙和大角斗场，均展现出最主要和简单的对比与统一。

2. 色彩也存在对比与统一的关系。构成形体的天然色彩材料与经过施色的材料，会呈现出不同的色彩关系。它们相互对比，在视觉上给人以紧张感和刺激感，如果形成统一关系则会给人以秩序感。形体材料表面的色彩，在各种光线照射下会构成不同的纯度对比、明度对比和色相对比，且由于这些形体材料表面的形状、位置、肌理、大小不同构成色彩形象对比。同时，人在感觉色彩的过程中伴随着心理活动，导致出现冷暖、轻重、厚薄、进退、动与静、扩张与收缩等对比与统一的关系。在雕塑中，色彩的对比与统一可以展现出巨大的艺术感染力。在建筑中，利用材质和色彩达到形体的统一，同样是有效的手段和方法。

3. 实体与空间同样有着对比与统一的特点。实体与空间的关系是辩证的，通过两者之间的相互作用，显示各自的存在。实体是客观的，它存在于空间中。空间是可感知的，没有具体的实体很难感觉到空间。实体是由二度空间的体量构成的，并通过对不同形态的塑造，展现出不同的形式，不同的内涵，深刻影响着人对空间的感受。

人们既可从立体的角度去欣赏形体，又可从理性和情感的角度去认识和理解实体与空间的关系。在中国的民居建筑中，实体与空间的对比与统一可谓达到炉火纯青的地步。比如位于安徽黄山脚下的宏村（如图7-3），依山傍水。保留完好的马头墙古民居，具有典型的明清建筑风格，建筑群围水而建，整个村落有着完善的水循环系统。古人在规划宏村的时候，十分在意人与自然和谐相处，他们注重建筑实体本身的空间处理，以及建筑实体与环境的空间关系的处理。因其独特的建筑布局和天人合一的生存理念，而被列为世界非物质文化遗产。再如黄土高原上的窑洞，它们的建造利用了得天独厚的自然条件和环境，而且十分注意朝向和角度的选择。因此窑洞结实牢固，又冬暖夏凉，其形成的空间艺术可谓是洞空间艺术，实体与山的空间浑然一体，构成人居文化中的独特景观。

二、节奏与韵律

节奏和韵律原本都是音乐词汇，而在绘画中，造型要素有规律地重复为节奏，节奏的反复连续形成韵律。节奏和韵律出于动与静之间，立体构成的形态是相对静止的。但是，即使是静止的对象，对人的视觉来讲也不是恒久不变的，眼睛在形体的部分与部分之间移动着，依然能产生不间断的连贯性的“运动”感（如图7-4、图7-5、图7-6）。

节奏可以理解为简单的重复韵律，它的强弱变化与变化频率有着密切的关系。不同的节奏感给人的心理感受截然不同，最简单的节奏变化是以相同或相似的形、色（如图7-7、图7-8）为单元做规律性的重复组织，以创造形式要素之间的单纯秩序和节奏美，比如台阶楼梯组群（如图7-9、图7-10）在空间中形成运动感和方向感。

图7-3　宏村（百度图片）

图7-4　梯田的阶梯层次体现动感（百家号）

图7-5　建筑形态体现律动感1（搜狐）

图7-6　建筑形态体现律动感2（百度图片）

图7-7　富有节奏感的建筑外形（新华网）

图7-8　绿色的玻璃瓶子秩序性排列（百度图片）

图7-9　楼梯台阶组群

图7-10　空间中的线元素疏密秩序排列产生一定的节奏美

图7-11　空间的处理体现了韵律美（龙腾视觉）

图7-12　生活中的韵律空间（龙腾视觉）

图7-13　向日葵的结构传达着自然的韵律美

图7-14　哥特式建筑（搜狐）

韵律是在节奏上所要达到的更高境界，并不像表面形式那么明显、单纯，它的体现较为复杂，需要投入内在感情。节奏强调的是规律性，而韵律强调的则是变化性，它们是相辅相成的。韵律在节奏的基础上丰富，在视觉上引起律动的效果，如造型、色彩、材质、光线等各种形式要素。韵味表现为造型要素有秩序地进行变化，如起伏、交错、渐变、重复等（如图7-11、图7-12、图7-13、图7-14）。

节奏与韵律是指同一现象有规律地周期反复或交替。在视觉艺术、设计艺术和立体构成中，它们是以形和色有规律的连续不断的交替重复而产生美感的。节奏感的强弱与构成元素有关，元素复杂，节奏感就强烈、丰富，反之亦然。表现节奏感的关键是控制度，度恰到好处才不会显得杂乱。比如自然界的节奏，其展现的过程可以理解成为形态渐变，即从简单到复杂、初级到高级的过程。在每一阶段，通过叶、花、果实体现出节奏韵律美（如图7-13）。在空间环境中，韵律既存在于外部空间，又存在于内部空间。当它以线条韵律表现于建筑的外部造型和产品的形态时，人们不得被它们的外表所折服。当人们将目光投向内部空间时，却发现内部空间的韵律同样是不能低估的，同样惊叹于它们的艺术感染力。

节奏和韵律存在于人们的生活中，并且潜移默化地改变着人们的生活。比如多数的建筑形态是以重复形式表现美感的，像哥特式教堂的尖耸拱顶和垂直线的重复（如图7-14）。当然，节奏和韵律在不同时期有着不同的表现形式，但体态和线条的韵律在建筑空间（如图7-15、图7-16）和工业造型中（如图7-17）却始终都是提升造型品质的重要手段，有着十分重要的价值和意义。

韵律的表现形式多种多样，在空间造型中经常运用韵律的原则，它可以打破单调、沉闷的气氛，创造抑扬顿挫的变化，使静态的空间产生动感，以满足人们的精神享受。韵律的主要表现形式有以下5种：

1. **重复韵律。**它指的是在立体构成中，色彩、形态和材质等造型要素作为规律的单元间隔性的重复表现，具备强调的功能。但重复的形式往往单调而乏味，所以要在反复的单位里做适当的变化，或在单位出现的时间间隔上做适当有规律的安排，即能产生生动活泼的律动效果（如图7-17、图7-18）。

2. 渐变韵律。它是指将造型要素按照一定的规律逐步发展变化，从而形成特有的韵律。一般常见的渐变韵律形式有以下4种，即形态大小的渐变、形态方向的渐变、形态位置的渐变和形态厚薄的渐变。它们在视觉上都能产生各种不同的律动效果，可以出现轻缓、柔和或者强烈、激昂的节奏感（如图7-19至图7-21）。

3. 交错韵律。它是指造型要素按照一定规律产生有条理的交错，或者相向旋转变化等。交错韵律可以产生很强的动感效果，运用得恰到好处时，即能产生更为生动活泼的效果（如图7-22、图7-23）。

图7-15　建筑空间形态（全景视频）

图7-16　建筑外部形态的韵律美（www.jf258.com）

图7-17　重复韵律1（www.ideabooom.com）

图7-18　重复韵律2（百度图片）

图7-19　英国格林尼治皇后宫内的楼梯（百度图片）

图7-20　有节奏感的立体形态（百奇图讯）

图7-21　具有渐变律动感的立体形态（新浪-TJR-事务所）

图7-22　交错韵律有很强的动感效果（艺周报）

图7-23　韵律感独特的景观雕塑（百度图片）

图7-24　起伏韵律的模型（蒲城教育文学网）

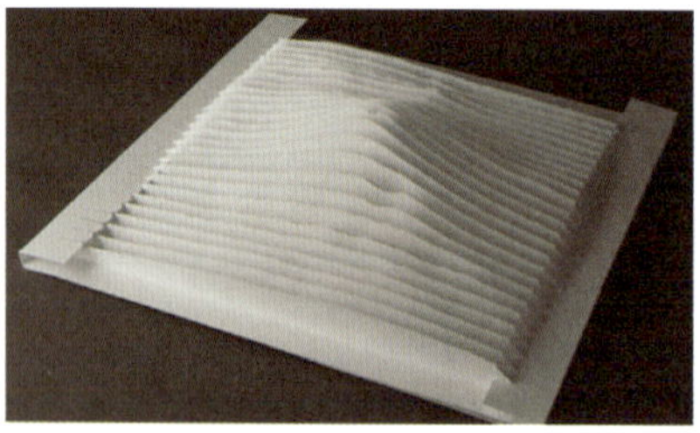

图7-25　模仿沙漠的起伏韵律构成（百度图片）

图7-26　给人波澜起伏的感觉（百度图片）

图7-27　韵律美的雕塑（巨人通讯）

图7-28　韵律美的城市景观（wisdo.lofter.com）

4. **起伏韵律。**它是指造型要素的起伏变化，如大小起伏、高低起伏和虚实起伏。起伏韵律往往能使人产生波澜起伏的荡漾之感（如图7-24至图7-26）。

5. **特异韵律。**它是指在正常的秩序发展中造型要素出现不正常的变化，特异韵律追求突破，表现特殊性。这种特殊性需要一定的智慧，要抓住构成因素中存在差异的要素，在视觉上造成跳跃感，从而展现创意和新奇（如图7-27、图7-28）。

三、稳定与轻巧

稳定多是指形体在物理上和视觉上的稳定感。稳定并不意味着呆板与笨拙，其自身也强调轻巧。稳定与轻巧相互依存，关系密切，可以从以下3点来理解：

1. **重心高则形态轻巧，重心低则形态稳定。**

体形高挑的，往往重心也高，会具有视觉上的轻巧感。反之，若体形粗矮，往往重心也会降低，给人以稳定感。一般来说，当物体重心离开安置面距离超过物体总高的1/3以上时，则视觉感受轻巧。当物体重心处于物体高度1/3及1/3以下时，就会产生稳定感（如图7-29、图7-30）。

2. **量重的材料（如金属、陶土等），给人以稳定感。**量轻的材料（如泡沫、纸等），给人以轻巧感。

不同的材料，给人造成的心理感受也不一样。材料的稳定和轻巧感，主要由两个因素决定：一是材料的表面肌理，比如材料表面粗糙、无光泽，往往让人觉得稳定。相反，材料表面细腻、有光泽，便会让人感觉轻巧（如图7-31）。二是材质的比重感受，比如金属、陶土等材料比重较大，具有较强的稳定感。泡沫板、纸、塑料等材料比重较小，具有一定的轻盈感和动势感（如图7-32）。

3. **对称形式的形态，使人感觉稳定。**平衡形式的形态，则使人感觉轻巧。

常见的对称形式有左右对称、上下对称和放射对称。左右对称和上下对称都是以中心线为对称轴，线的两边形象完全相同。比如人的面部、蝴蝶的一双翅膀都是典型的对称形式形体。放射对称是指有一个中心点，所有的开支都从中心点向一定的发射角排列造型，展现出较强的向心力。比如盛开的花心、雨伞架、风车等，都属放射对称形体（如图7-33、图7-34、图7-35）。

对称的造型具有安静、庄严的视觉感受，这样的形体比较容易让人判断和认识，印象深刻。而平衡与对称很不一样，平衡形式不是指物理上的平衡稳定，而是指视觉上均衡状态。平衡形式的形体组合虽然并不对称，却能给人以均衡，稳定的心理感受。平衡形式较对称形式更显得活泼、多样，对称形式则较平衡形式更显得肃穆、端庄（如图7-36至图7-38）。

四、明暗与阴影

大家都有这样的常识，因为有光，所以我们才能看到斑斓的世界。在光的照射下，立体形态都会产生一定量的阴影。在立体构成中，除了立体本身的形体外，我们还应考虑到立体形态在光源环境中所产生的阴影效果。善用阴影，能使整个立体造型的明暗关系更加丰富，表现力更强。因此，一些构成设计特意在阴影上做文章，利用其自身属性，使作品产生迷离、变幻的效果（如图7-39、图7-40）。

图7-29　重心低的雕塑（昵图网）

图7-30　重心高的雕塑（图行天下）

图7-31　具有稳定感的雕塑（汽车之家）

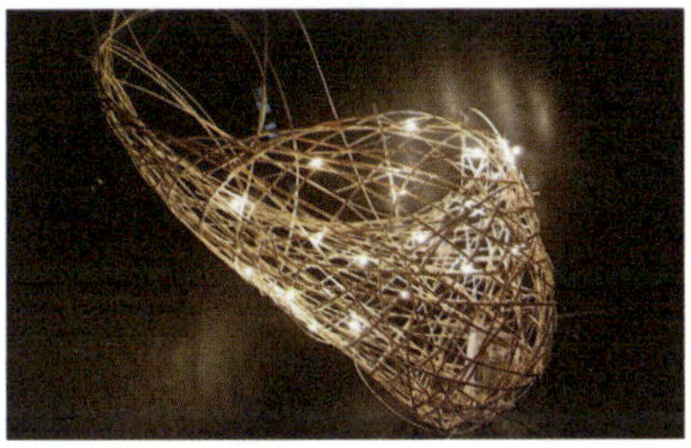

图7-32　给人轻盈感觉的木质线材（百度图片）

图7-33　日常生活中的对称空间（搜狐）

图7-34　日常生活中的对称景观（摄影部落-路见秋明）

图7-35　对称空间（搜狐）

图7-36　对称线立体造型（搜狐）

图7-37　对称的立体形态（百家号）

图7-38　红色铅笔的对称排列（图行天下）

图7-39　光影环境下的创意雕塑

图7-40　卢浮宫金字塔的光影效果（百度图片）

图7-43　测光室内一角

图7-41　顶光下的空间1（百度图片）

图7-42　顶光下的空间2（筑龙论坛）

图7-44　底光效果

图7-45　自然光柔和、明朗

图7-46　内部光源增强立体形态的层次感1（百度图片）

图7-47　内部光源增强立体形态的层次感2（百度图片）

图7-48　内部光源增强立体形态的层次感3（百度图片）

明暗和阴影注意由光的布设而产生，光源的变化、光的强弱、光的色彩变化以及光的运动状态等，都会影响形体的阴暗和阴影效果。

光对于立体形态的明暗和阴影具有决定性的影响，因此，了解光影在空间中表现尤为重要。光影的应用可谓多种多样，按照不同的类型，可分为以下几种：

1．照射光的类型

从位置分：

（1）顶光——安详、神圣（如图7-41、图7-42）。

（2）测光——轻快、自由（如图7-43）。

（3）底光——轻飘、诡异（如图7-44）。

（4）顶光与周围均匀光——明朗、迷茫（如图7-45）。

（5）内部光——由内而外的光源，有神秘、温暖，增强区域感（如图7-46至图7-48）。

从空间效果分：

（1）高光——华丽炫目，有刺激感（如图7-49）。

（2）亚光——亲切高雅，有柔和感（如图7-50）。

（3）无光——朴实沉重，有稳定感（如图7-51）。

（4）活动光——新鲜、活泼，有动感（如图7-52）。

2．照射光的作用

（1）利用光渲后空间，使空间轻飘而有扩张感（如图7-53）。

（2）使用聚光灯突出重点，形成焦点（如图7-54）。

（3）用光的强弱分区空间，突出被照射物体不同的性质，以利于识别（如图7-55）。

（4）利用点光源或者线光源的动势，来引导空间方向。

（5）利用不同的采光口，丰富空间变化。比如横向光源使人感觉宽敞，具有灭点的光源，使人感觉空间更具深度（如图7-56）。

（6）用光调整空间感觉，尤其在夜景照明中，可以利用不同色光和照度来重塑形体给人的感受。

3. 运用光影营造空间氛围

需要注意以下几点：

（1）光照的强弱变化。

（2）合理运用多层次的组合光照，形成系统性。

（3）根据形体的不同，理性分析形体的尺度和性质，合理使用不同角度的光。

（4）球状形体的光照布置，往往围绕形体周围设置若干投射点，并尽量向上投射，以强化球体感（如图7-57）。

图7-49　高光的空间有刺激感（图行天下）

图7-50　亚光的室内空间有稳重感（百度图片）

图7-51　微弱的光有沉重感（百度图片）

图7-52　活动光有动感

图7-53　光渲后的空间

图7-54　聚光灯下的某剧院（摄图网）

图7-55　光的强弱突出立体形态（百度图片）

图7-56　朗香教堂室内一景（无忧文档）

图7-57　傍晚的国家大剧院（花瓣）

五、比例与尺度

比例一词最早产生于数学上的定义，但在立体构成中，它特指形体的局部与整体在数量、比量上的比率关系。极负盛名的古希腊神庙之所以具有极高艺术价值的原因之一，就是它有一个模数系统，用以控制着全部设计。

比例可以从视觉上直接感知，比如在自然界中，许多物体和人造之物自身存在着比例。像是不同种族的人体比例，会有所不同，不同年龄阶段儿童与成人的人体比例也不同。工业产品的造型是否优美，常常以比例为标准，符合人体工程学的产品往往更胜一筹。按照人的心理感受来说，比例越简单就越容易被接受，越实用。比例关系越复杂，往往不易被认知，从而实用性大大降低。所以说，具有简单比例关系的形态，往往是优美的，经得起历史的检验。而比例是否科学合理，则需要人们在长期的实践过程中不断地从生理、心理上研究改进，才能够越来越创造出符合人的审美要求和行为习惯的物品或空间等。很多优秀的形体设计，比例关系从细节的处理中都可以感受出来，它能整合大体块之间的形态矛盾，也能够协调细小单元之间的体块关系，使局部和整体浑然一体，完美融合。

简单来说，比例就是一个整体中，部分与部分之间、部分与整体之间的关系。在立体构成中，就是指形态的各部分所具有的适当关系，其中既有形体本身各部分之间长、宽、高的比例关系，又有形体与形体之间、个体与整体之间的比例关系。而这些关系的协调，依赖于人们的感觉与经验上的审美习惯。具有美感的比例关系有很多，常用的有以下几种：

1. 黄金比例

黄金比例是由古希腊毕达哥拉斯学派提出的。当长方形的长宽比例是0.618的时候最理想，这就是所谓的黄金分割。

2. 简单几何形体的比例关系

一些简单的几何形体，如球体、正方体、圆柱等，具有确定数量之间的制约关系，有时可以用来当作判别比例关系的标准和尺度。在立体形态的创造中，我们能够清晰地识别简单直观的几何形体，感受到形体的美感（如图7-58）。

3. 相似形的比例关系

形体往往具有可变性，所以也并不是一定要有固定比例才具有美感。有些时候，可以利用一些相似形，来处理形体的比例关系，也能够产生和谐的效果（如图7-59、图7-60、图7-61）。

除了上述内容之外，形体的比例关系还涉及所处空间环境。同一物体从外空间看总是比从内空间看显得小一些，因此，外空间与内空间的尺度感也是需要注意区分的。比如大卫雕塑，同样形态体量的雕塑从外空间看显得小，而从内空间看显得大。同理可知，建筑中高度相同的柱体，室内感觉雄伟高大．室外则是相反的。类似的例子很多，需要我们在生活中注意留心观察和积累。

把握和选择尺度，往往与人对尺度的主观印象有关。人们对于尺度的印象可分为三种类型，即自然的尺度、超人的尺度和亲人的尺度。自然的尺

图7-58　简单几何体石膏群

图7-59　比例相似的形态组合1（百度图片）

图7-60　比例相似的形态组合2（百度图片）

图7-61 形式形态按一定的比例关系组合

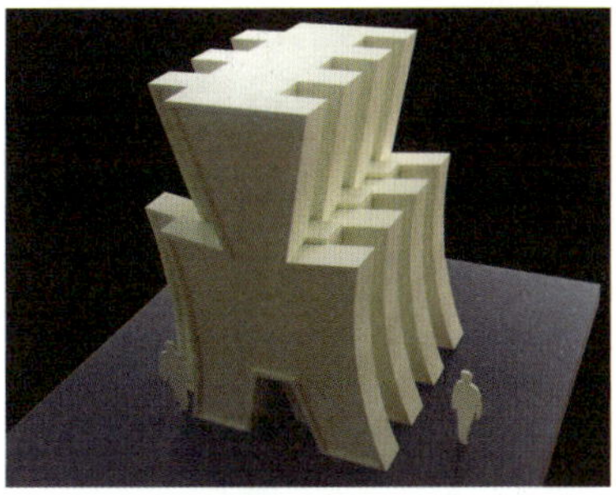

图7-62 大尺度的古钱币产生了新的形态（百度图片）

图7-63 比例缩小后的建筑模型（shijie.haohaoxue.com）

度是指物体表现它自身的自然尺寸，让观者能度量出它本身正常的存在。超人的尺度就是让人感受到形体比实际显得尽可能大，比实际尺寸本身更具威力。例如乐山大佛就是以超人的尺度塑造的。应引起注意的是，超人的尺度不可以随意夸张，而应以适宜的尺寸规范加以控制。亲人的尺度是指形体造型的尺度，比让人感受到的实际尺寸要明显小一些。恰到好处的亲人尺度，会使人感觉形体亲近（如图7-62、图7-63）。

知识链接

形式法则的审美观变迁

1. “和谐”之美

“和谐”是中国传统艺术和西方古典艺术的最高审美标准。

中国的和谐是从美学、艺术的角度，以儒的中和、道的天和为主的“和”为体系，具有很强的感情色彩（如图7-64）。

西方的美在于数的和谐，美是理念的感性显现，也就是理性的和谐，具有很强的理性主义（如图7-65）。

2. “冲突”之美

冲突之美在中国兴起于封建社会末期的美学思潮，是对传统审美观的突破。西方是现代机械美学的确立，对古典美形式的冲击。功能主义的影响，出现了不对称、不均衡的自由构图，对比强烈、节奏鲜明。

3. “非理”之美

非理性的审美观反对古典审美观的一元中心，二元对立，否认权威和中心。认为一切事物的生成都是无休止的构成——解构——重构。造型要素走向解构，即几何化与抽象化。

图7-64 北京天坛（搜狐）

图7-65 罗马斗兽场（百度百科）

课堂实训

在自然界中，有许多具有强烈韵律的现象。比如植物叶脉的渐变（如图7-66）、行星运行的轨迹（如图7-67）、大海波涛的反复等，这些现象从微观到宏观均印证着韵律存在于宇宙万物之中。

请在现实生活中，寻找四处表现强烈韵律的立体三维物，并加以拍照说明（如图7-68）或者制作简易模型（如图7-69）。

图7-66　枫叶叶脉纹样和芭蕉叶叶脉纹样

图7-67　行星运行轨迹（图行天下）

图7-68　感受造型韵律

图7-69　“圈韵”（作者：李丹）

第二节　立体构成的空间表现

立体构成的空间表现，既有物理层面的，也有心理层面的。物理层面的主要指受形状、颜色、声音、温度、压力、空间、时间等要素影响；心理层面的主要指受审美经验的感觉影响。

对于表现立体构成的空间，需要了解空间审美的原则，并对空间属性有理性的分析。空间审美的培养，建立在对空间概念理性分析的基础之上，理解空间的第一种层面在其属性上，即物理与心理空间。物理空间：立体形态所限定、划分或包围，可以测量的空间。心理空间：由形态限定所致，没有明确的边界却可以感受到的空间。

同时，也可以从空间基本构成的角度理解，即几何与视觉空间。几何空间：在一切地方一切方向都是同一性质的，是无边无垠的。视觉空间：即生理空间，也包括触觉空间，是有边有限的。

另外，空间可创造出不同的心理感受，比如制造紧张感，强化进深感（如图7-70、图7-71），创造流动感，以作视觉引导。

除此之外，立体构成的空间表现中，形体的量感和力感作为最为重要的两种人的心理感受，将在接下来的内容中阐述。

一、量感

量感分为两种类型，即物理量感和心理量感。人们对物理量感的认识是通过测量的方法获得的，比如通过测量形体体积的大小、容积的多少，以获得对象的物理量。而由物理量所产生的心理上的量感，则是无法具象衡量的，它所体现的是物理量到精神量的转化。事实上，心理量感是指人的心理对物体重量的一种感觉，衡量心理量感的多少，主要依赖于心理判断。物理量感与心理量感既有联系又有区别。通常情况下，相对较大的形体，产生强壮有力的感觉；小的形体，产生轻巧秀丽的感觉。

量感是影响人心理的最重要因素，它对形态与人的交流起着重要作用。形体的量感对形体构成起着举足轻重的作用，量感不仅对自身，同时对与它相邻的形体产生影响。因此，某种程度上，创造巨大的量感可以超越形体，给形体赋予生命力。

创造量感的方式有很多，简述如下：

1. 创造动感

根据视觉原理，人在观察自然物体时，视觉上会产生运动感和方向感。随着视线的移动，形成动感，并受心理的诱导产生相应的力度。如果人的视线在不断移动的过程中停留在一个目标上，就会形成视觉中心。我们在进行观察的过程中，视线是动态的，视点是静态的，它们之间包含着不同的构成因素，组成了一个有机的整体。在空间中聚集的不同形体，由于互相吸引或排斥，构成了虚的视觉中心，也可以理解为整体形体的共同新中心，通过对形体距离调整，疏密重新布置，可以使形体达到平衡协调的状态，这样动感存在之下，形体的量感就产生了。

2. 创造生长感

生长对生命具有特殊的意义和作用，任何生命体如果没有生长便暗示着自身生命的结束。因此，生长既是生命的象征，又是生命力的表现形式，体现出生命内力运动变化的过程。生长的形式非常复杂，比如在细胞的诞生、裂变、生长等阶段中，每一阶段都有不同的表现形式。在初级、中级、高级阶段的不同生长形式都是形态构成可借鉴的形式，它们中有的形式带有单纯性、抽象性和装饰性，有的则是复杂的自然形态。

二、力感

在雕塑艺术中，历来很注意力的表现，在立体的构成中，把力感理解为形体的灵魂也不足为过。这里所谓的力感，与自然科学中所论及的力学有所不同，这里是指人们心理所产生的感受。立体的造型摆在面前，人们肯定会因它们的体积大小不一、形状变化各异而产生很沉重、很坚固（如图7-72），或是很轻（如图7-73）、有速度感。它们都是形体力感的自然展现，给人以心理上不同的感受。而这种感受，正是形体最重要的表现语言。

图7-70　强化进深感的室内空间1（全景网）

图7-71　强化进深感的室内空间2（苏州博物馆官网）

图7-72　力量感较重

图7-73　力量感较轻

知识链接

“二次元”是指二维空间，“三次元”指的是三维空间，那么“四次元”也就是四维空间。“四次元”性是在三次元空间中加入了时间与运动的因素。由于立体的造型，特别是大体积的造型（纪念碑、建筑等），在一个固定的视点上是看不到全貌的，况且在每个视点上看到的立体景观也是不相同的。所以，我们需要移动视点，边走边看，才能看到其全貌。如果是观赏建筑物，我们在看完了整个外观后，肯定还会从外面进里面，看看室内装饰、房间布局等等。有的形体自身为可动的，即能在一定时间和空间、一定程度和范围的变化位置或形态。因此，当一件立体造型在向我们展示全貌时，已加入了时间与运动的因素，我们称这种时空关系为立体的“四次元”性。

如下图中拍摄于不同角度的埃菲尔铁塔一样，从不同的角度来看，呈现给大家的就是不同的形态（如图7-74）。

图7-74　埃菲尔铁塔的各个角度图组（搜狐）

课堂实训

根据不同材料的属性特点和形体自身的虚实张力，结合空间构成的原理，制作两个模型，表现出形体的量感或力感（如图7-75、图7-76）。

图7-75　以增加体量体现形体的量感

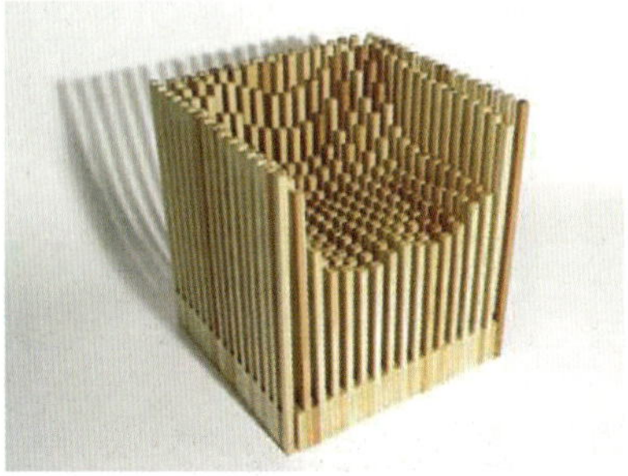

图7-76　利用线的集聚增加形体的量感（百度图片）

第八章

色彩现象及其本质

8

第一节　色彩的现象

色彩作为一种现象在我们的现实生活中无处不在，从我们睁开眼睛开始观察周遭世界时，色彩便开始伴随着我们生活的方方面面。在五彩缤纷的色彩装扮下，大千世界才显得如花似锦，美不胜收。

从波光粼粼的蓝色加勒比海，到如梦似幻的紫色普罗旺斯；从冰天雪地苍茫皓白的南极大陆，到无边无垠的金色塔克拉玛干（如图8-1、图8-2、图8-3、图8-4），自然界的色彩，可谓千变万化、数不胜数。由此可见，色彩是自然界中的一个重要元素。同时，色彩在社会生活中也扮演重要的角色。在社会活动中，色彩又非常容易带有政治、经济、文化、宗教、情感等语言的表达和意念。色彩作为社会信息交流

图8-1　蓝色的加勒比海

图8-2　梦境般的普罗旺斯

图8-3　苍茫皓白的南极大陆

图8-4　金色的塔克拉玛干沙漠

的重要语言工具，同时作为视觉信息传达行为过程中第一视觉刺激要素。有关研究表明，人们感知的外部信息有80%是来自视觉，在视觉感知中最初的20秒内，色彩的成分占80%。因此，色彩具有先声夺人的视觉效应和感人的视觉魅力。因此，色彩在现代社会各种视觉信息传递、交流中，显得尤为重要。无论在大街小巷，还是在商场超市；无论是游览青山绿水，还是观赏影视戏剧，色彩信息语言随时刺激、诱惑着人们的视觉感官，引起人们的大脑兴奋、思索和反应。所以，深入研究和掌握色彩设计与视觉传达的互相关系和作用，对每一个色彩搭配应用工作者来讲是非常重要的课题。

人类从发现色彩、认识色彩到使用色彩，经历了一个漫长的历史过程。绚丽缤纷的色彩现象，在远古时期曾被认为是大自然的一种神秘力量，成为人类认识自然本质的直接途径，也成为人类最早用来表达原始意识的重要标志。新石器时代的马家窑文化和仰韶文化中出土的陶器装饰图案纹样和色彩中，我们也不难感受祖先们的装饰意识的进一步升华。伴随阶级的产生，色彩又被赋予了更多的意义。在等级社会中，色彩的政治价值尤为重要，用于区分奴隶主阶级和奴隶阶级，色彩被划分为鲜艳的正色和白、青、黑等杂色。到了漫长的封建社会，色彩的等级化观念被进一步强化，以“朱、青绿、黄、白、黑”为正色的封建五色观，便随相应的五行论逐渐形成封建社会占统治地位的色彩观念。

现在看来，颜色是客观存在，既无阶级性，也无感情和意识。但当色彩的物理属性作用于人的时候，却可以引起人的审美心理活动，人的大脑会因此产生某种象征性的感觉，甚至还会产生某些联想，而这些联想就使得色彩披上了情感的轻纱。色彩现象通过形象思维产生微妙的心理作用，并且引发审美意识。人们生活于色彩的世界里，色彩丰富了人们的生活，色彩还满足了人们的不同审美需求。

知识链接

色彩使用的历程

人类对色彩的感知与人类自身的历史一样漫长，而有意识地应用色彩，则是从原始人用固体或液体颜料涂抹面部与躯干开始的。在新石器时代的陶器上，已可见到原始人对简单色彩的自觉运用。在色彩的应用史上，装饰功能先于再现功能而出现。人类制作颜料，是从炙烤动物肉时流出的油与某些泥土的偶然混合开始的，逐渐发展为以蛋清、蜡、亚麻油、树胶、酪素和丙烯聚合剂等作颜料结合剂。

在古代中国、印度、埃及、美索不达米亚，颜料多用在家具、建筑内部、服装、雕像等的装饰上。早期中国绘画上的色彩，主要是轮廓和形象的修饰手段，用色简练单纯。古罗马的墙面、地板镶嵌上则已有丰富的色彩。从文艺复兴时代开始，艺术家们不断探索新的色彩材料，凡·爱克兄弟等人在“油–胶粉画法”的基础上改进，而形成了亚麻油等调制的油画颜料，为油画的产生提供了媒介材料。自此，绘画上色彩表现的手段大为丰富。

尽管人类的色彩应用已有几千年的历史，但独立意义上科学的色彩学研究却晚于透视学、艺术解剖学而到近代才开始，这是因为，色彩学的研究须以光学的产生和发展为基础。文艺复兴时代的画家，为了取得自然主义的表现效果，曾经研究过光学问题，注意到了色彩透视问题。

直到17世纪60年代，牛顿通过有名的“日光—棱镜折射实验”，得出白光是由不同颜色光线混合而成的结论之后，颜色的本质才逐渐得到正确的解释，由开普勒奠定的近代实验光学，为色彩学的产生提供了科学基础。感知心理的研究，为解决色彩视觉问题；心理物理学的方法，为解决视觉机制对光的反应的问题都提供了重要的前提条件。而视觉艺术所提出的色彩问题，尤其是印象派出现之后遇到的外光描绘、色彩并置对比、互补色等问题，促使理论家、艺术家，运用科学方法探讨色彩产生、接受及应用的规律。

到19世纪下半叶，色彩学研究的专门著作开始出现，如薛夫鲁尔的《色彩和谐与对比的原则》(1854)、贝佐尔德的《色彩理论》(1876)等。进入20世纪，色彩学更在现代光学、心理物理学、神经生理学、艺术心理学等基础上获得了长足进展。而色彩学的发展，又促进了视觉艺术从19世纪向20世纪多元化时代的转变。

课堂实训

谈谈各自的用色经验

内容：通过分组讨论的形式，探讨自己在过去生活、绘画、学习经验中有关色彩方面的一些个人见解和思考。

要求与方法：分组讨论，每组3~4人。讨论中分享每个人不同的有关色彩方面的见解，无论是成熟观点还是某些个人思考也好，都可以拿出来分享。

第二节　色彩的来源

一、光与色

色彩是通过眼、脑以及生活经验共同组合产生的一种对光的视觉效应。经验证明，人类对色彩的认识与应用是通过发现差异，并寻找它们彼此的内在联系来实现的。因此，人类最基本的视觉经验得出了一个最朴素也是最重要的结论：没有光就没有色。白天使人们能看到有色的物体，但在漆黑无光的夜晚，就什么也看不见了。倘若有光照明，光照到哪里，便又可看到物象及其色彩了。

二、牛顿与色散现象

真正揭开了光色之谜的是英国科学家牛顿。17世纪后半期，为改进刚发明不久的望远镜的清晰度，为此牛顿从光线通过玻璃的现象开始研究。1666年，牛顿进行了著名的色散实验。在他的研究室里，窗户用厚窗帘遮得严严实实的，房间里一片漆黑。从窗户上所开的一个小孔射进来一束太阳光，牛顿让这一束太阳光射到一个三棱镜上，结果不言而喻：在对面白面的纸屏上出现了一条彩色的光带，而且这条光带的颜色是按红、橙、黄、绿、蓝、靛、紫的顺序排列的，与天空在雨过天晴后出现的彩虹十分相似，我们把这种现象称为色散现象（如图8-5）。反过来，他又准备了质地相同、大小一样的第二个三棱镜。从第一个三棱镜分解出来的七色光带，通过第二个三棱镜后果然又还被原成原来的白色光了。

牛顿的色散实验表明，太阳光是由许多不同颜色的光混合而成的。物理学中把不能再分解的色光叫作单色光，由单色光混合而成的光叫作复色光，太阳光就是一种复色光。

通过牛顿关于光和色散现象的实验我们可以得出以下结论：色彩是通过色光分解得到的，人对色彩这一物理现象通过视觉感知来完成的，产生这种感觉基于三种因素：一是光；二是物体对光的反射；三是人的视觉器官——眼。即不同波长的可见光投射到物体上，有一部分波长的光被吸收，一部分波

图8-5　色散实验

长的光被反射出来刺激人的眼睛，经过视神经传递到大脑，形成对物体的色彩信息，即人的色彩感觉。

三、色光的分解

当然，色散现象得到的单色光的色彩远远超过了红、橙、黄、绿、青、蓝、紫这7种颜色，它还包括了7种颜色之间的许许多多的过渡色，光是人眼能够分辨的就有100多种光谱色，理论上可以说有多少光波长度值就有多少色光存在。但是，为了方便传达，我们划定了较有代表性的几个光波长度范围值，把某个范围值以内的色光统称为一种颜色，然后用一个有代表性波长的颜色作为此类颜色的代表色。

太阳光之所以能够被分解成7种颜色的光是因为它们的波长各不相同，人眼可见光波的范围没有特别明显的界限，一般人的眼睛可以有效感知波长范围在390~770nm的电磁辐射。红色光的波长最长，紫色光的波长最短，它们都是可见光。波长范围低于390nm的光波我们称之为紫外线，人眼对紫外线不产生感知。波长范围高于770nm的光波为红外线，红外线也是人眼观察不到的（如图8-6）。

光线的色彩性质由光线的振幅及波长两个因素决定，振幅的大小会产生光线的明暗区别，波长的不同会产生不同颜色的光，波长越长越偏向红，反之波长越短就越偏向紫色。

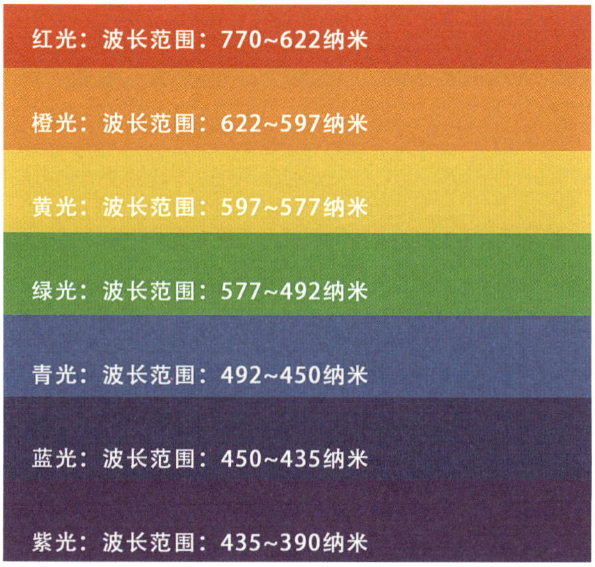

图8-6　光波的波长范围

知识链接　极光——生命的绚丽

在地球南北两极附近地区的高空，夜间常常会出现绚烂美丽的光芒，形状不一、绮丽无比，这种壮烈动人的景象就是极光现象。在自然界中还没有哪种现象能与之媲美，任何彩笔都很难绘出那在严寒的两极空气中嬉戏无常、变幻莫测的炫目之光。

出现时间上，极光犹如节日的烟火一般，闪现夜空瞬间消失、神秘莫测。有时候又如挂在长空中的彩带与苍穹，辉映数个小时。色彩上，有时候艳丽缤纷、五光十色、绚丽动人；有时候又显得素雅清秀、舒适明快，犹如一缕飘散的青烟，为极低夜空渲染出淡蓝、浅绿或是银灰的色相。形状变幻无穷，有时候犹如棉花、白云一般凝固不变；有时候又如同疾走夜空的银蛇，时而密集时而疏散（如图8-7、图8-8）。

图8-7　极光1

图8-8　极光2

课堂实训

自然之美——色彩印象的表现

内容：描绘你心目中大自然丰富艳丽的色彩，以主题的形式完成，例如：秋天的色彩、日出的印象、极低的风光等，主题不限。

要求与方法：表现形式和内容不限，尽可能用丰富的色彩去表现个人对大自然色彩的简单、直接的理解，可采用摄影、绘画、拼贴或者是综合手法进行表现（如图8-9、图8-10）。

图8-9　色彩印象——《日出印象》（作者：安瑞）

图8-10　色彩印象——《秋日的草山》（作者：何博）

第三节　光线和色彩的关系

我们经常会本能地认为，任何物体的颜色都是其本身所固有的，如果在没有光源的条件下，我们什么色彩都是看不到的。如果在某些特定光源条件下，物体的颜色还会随之发生改变，这又是为什么呢？通过前面的学习我们可以分析得到：人眼之所以能看到物体的各种颜色，是因为光线照射的物体表面，其表面对光线进行有选择性的吸收、反射和透射，那些被反射、透射后的光线汇聚到我们眼里，刺激视网膜，经大脑做出反应后我们便看到色彩。所以光线的改变和物体吸收、反射或透射情况的变化必然引起色彩的变化，其变化的结果将如何呢？我们从如下几方面来加以分析，从中找到结论：

一、光源色

在日常生活中，太阳、白炽灯、蜡烛、电弧、霓虹灯等这些自身能够发光的物体产生的光色我们称之为光源色，比如傍晚太阳光的光源呈现出发红的色相（如图8-11）；白炽灯的光源色呈现出发黄的倾向；烛光的颜色也属于暖色；电弧产生的光色为冷色——蓝色，霓虹灯则呈现五颜六色的光芒（如图8-12）。

图8-11　人造光源色——霓灯光下的城市夜景

图8-12　自然光源色——傍晚的缅甸蒲甘（作者：卢俊）

二、物体色

物体色又称固有色，习惯上我们把在正常光照下物体自身固有的颜色称之为物体色。严格说，物体色是指物体固有的属性在常态光源下呈现出来的色彩。例如，红旗是红色的，草地是绿色的，香蕉是黄的，西方人的肤色是白色的等（如图8-13、图8-14）。

从色彩的光学原理知道物体并不存在固定不变的固有颜色，物体的颜色是与光密切相关的，是在一定的条件下变化着的，是具体的，而不是一种概念。我们说草地是绿色的，不可能具体指出是哪一种绿色。然而，物体的颜色尽管是变化的、复杂的，但仍给我们一定的色彩印象。所以，我们既不要受固有色概念的束缚，又不能完全忽视固有色。

三、环境色

物体表面受到光照后吸收一部分色光，同时也会把没有吸收的色光反射到周围物体上，尤其是表面材质光滑具有强烈反射作用。和亮部相比，物体的暗部更容易受到周围环境色的影响。环境色的存在和变化，大大丰富了画面色彩，一定程度上增强了画面色彩与色彩之间的联系。例如，在一只白瓷杯的背光部附近放一块红布时，白瓷杯靠近红布的一边，便会接受红布的反光而带红灰色倾向。如果把红布换成一块绿布，白瓷杯的这一边又变成绿灰色倾向（如图8-15至图8-22）。

图8-13　香蕉的固有色

图8-14　草地的固有色

图8-15　受红色桌布影响的瓷杯暗部呈现红色

图8-17　受蓝色桌布影响的瓷杯暗部呈现蓝色

图8-16　受绿色桌布影响的瓷杯暗部呈现绿色

图8-18　受紫色桌布影响的瓷杯暗部呈现紫色

图8-19 《浴场》（作者：修拉）受环境色的影响塞纳河呈现出不同的颜色1

图8-20 《男孩与马》（作者：修拉）受环境色的影响塞纳河呈现出不同的颜色2

图8-21 《坐着的男人》（作者：修拉）受环境色的影响塞纳河呈现出不同的颜色3

图8-22 《河中的白马与黑马》（作者：修拉）受环境色的影响塞纳河呈现出不同的颜色4

四、透明色

透明色是一种相对复杂的色彩现象。当光线照射到呈透明或者半透明状的物体上时，当这种物体本身含有杂质、色素或者其他物质时候，由于杂质、色素等对透过的光线产生一定的过滤作用就形成了透明色。所以透明色就是透明物体对光源中的部分色光进行过滤后呈现出的其余部分光线的颜色。摄影中用到的彩色滤镜，就是运用了透明色这一特殊现象来改变光的颜色（如图8-23至图8-26）。

五、复合光

光线中包含有两种或者两种以上不同频率的单色光我们称其为复合光。可以说凡是能被三棱镜分解产生色散现象的光统称复合光。我们平时所见的大多数光都是复合光，如：太阳光、白炽灯光和荧光灯光，包括烛光都为复合光。

白色是可见光中各色光的混合，我们所看到的五彩缤纷的世界，是物体在光线的照射下反射或透射出的复合的光色效果。

图8-23　自然光下的景物

图8-24　红色滤镜下的自然景物

图8-25　绿色滤镜下的自然景物

图8-26　蓝色滤镜下的自然景物

知识链接

LOMO——不一般的光与色

LOMO LC–A是原苏联时期研制生产的35毫米自动曝光旁轴相机。近几年却成为一种独特的新兴摄影风格的代名词。LOM也有了新的含义，现在LOMO是Let Our lives be Magic and Open，让我们的生活开放、有魔力。

LOMO相机一般为改造过的自动曝光胶片机，其特色是镜头宽、速度快、色彩强烈、气氛感强、多色闪光灯、多色滤镜、暗角效果突出，在灯光越暗的情况下照出来效果越好。

我们常常感叹，LOMO为什么可以拍出如此缤纷的色彩呢？这些都要归功于各色闪光、多色滤镜这种光源色和透明色在摄影中的运用，当然也不排除机身和胶卷方面的某些因素，例如刻意的漏光等。

很多LOMO相机的闪光灯是可以变换颜色的，红色、绿色、黄色、蓝色等。夜晚拍摄时，有色的闪光灯能发挥更突出的作用，针对不同的拍摄对象、主题或是个人喜好，我们可以选择不同的光源色，予以照片不同色调和氛围。

滤镜方面，LOMO相机同样配备了各色滤镜，以此营造出特殊的色彩氛围，其原理就是各种透明色在摄影中的运用。例如：红色滤镜吸收蓝光，可产生浪漫的天空效果，或者白天拍摄类似月夜的效果。绿色滤镜通过黄、绿光吸收红光及蓝、紫光，在拍摄植物时，可以让照片的绿色色调更为突出（如图8–27至图8–30）。

图8–27　滤镜效果1

图8–28　滤镜效果2

图8–29　滤镜效果3

图8–30　滤镜效果4

图8-31　阳光下的静物（作者：何博）

图8-32　蓝色、红色与绿色（作者：何博）

图8-33　有蓝色瓶子的静物（作者：安瑞）

图8-34　水果和花瓶（作者：安瑞）

课堂实训

静物色彩关系的整理

内容：在室内布置一组有特色的静物，可以放置多个色彩差异明显的对象，可以对画面内容自由增减和风格化处理，整理画面光源色、物体色、环境色等色彩之间的关系，可参考（如图8-31至图8-34）。

要求与方法：可以在正式作画之前先多画几张小稿子，来确定最佳的表现方式和构图，可以通过写实性、平面性、结构性、意向性或者设计性等手法来表现。选用水彩或者丙烯进行表现，注意画面的色彩和色彩之间的相互关系。

第九章

色彩构成的基础要素

9

第一节　色彩的现象

从色彩学的分类上讲，颜色一般可分为有彩色系和无彩色系两大类。

一、无彩色系

黑色、白色及二者按不同比例混合所得到的深浅各异的灰色系列。从物理学的角度上来说，当光源、反射光与透射光在视知觉中并未显出某种单色光的特征时即为无彩色系。

从色彩学理论上讲，纯白是光在理想状态下被完全反射的物体色；纯黑则是光在理想状态下被完全吸收无反射的物体色。物体呈现白色、黑色和灰色对可见光谱各种波长的反射都有选择性，故称它们为中性色。中性色只有明、暗程度上不同的变化，而无其他色光上的变化。因此，白、黑、灰在物理光学观点上不包括在可视光谱中，不能归类于色彩（如图9-1）。

但是，在心理上无彩色系的白、黑、灰色持有完整的色彩属性。如在色料混合时，加入白色色料颜色变得明亮；加入黑色时色料颜色灰暗；而加入灰色时，色料的饱和度逐渐降低，变为浊色。因此黑、白、灰在心理上、化学上亦可称之为色彩。

二、有彩色系

可见光谱中的红、橙、黄、绿、青、蓝、紫7种基本色及它们之间的混合色，即视觉能感受到某种单色光的特征，我们所看到的就是有彩色系。也可以说色彩中除去无彩色以外的所有颜色，无论其饱和程度、明暗程度如何，都属于有彩色系（如图9-2、图9-3）。

无彩色系与有彩色系形成了相互区别而又休戚与共的统一色彩整体。

图9-1　无彩色渐变

图9-2　有彩色渐变

知识链接

无彩色的隔离作用

在设计色彩的运用中，经常运用到无彩色黑、白、灰这些中性色。相对于有彩色而言，其没有明显的色相偏向，它们中的任何一色与有彩色当中的任何色搭配，都会产生调和的视觉效果。

所以在配色中，如果两色发生矛盾冲突：明度反差、纯度反差或者是冷暖反差过大时，我们往往采用无彩色来分割相互冲突的颜色，达到互相隔离、调和的效果。同样，如果两个颜色过于暧昧、含糊的时候，我们同样也可以通过无彩色的使用隔离明确两个颜色的界限（如图9-3）。

课堂实训

计算机去色的对比练习

内容：利用图像编辑软件Photoshop，挑选一张自己满意的色彩作品，扫描并导入软件。通过去色功能，去除作品原有色调，使其变为无彩色调。

要求和方法：使用Photoshop菜单栏—编辑—去色命令，去除作品颜色。通过并置方式，比较作品原有色调和黑白色调之间各颜色在明度上的强弱对比关系（如图9-4、图9-5）。

图9-3　黑色作为隔离色的运用

图9-4 《脸》（作者：张乐彤）

图9-5　对作品《脸》做去色处理

第二节　色彩的属性

我们生活的世界中色彩无处不在，有数据表明，仅人眼能够分辨的色彩就多达10余万种，人类如果仅仅借助粗浅的记忆和直观的理解是无法正确认识和表述这些色彩的。我们通过什么方法可以正确、系统地对这些色彩进行分析和掌握呢？事实上有彩色系中的任何一个颜色都具备色相、明度和纯度的性质，它们中间的某一项，或是某几项发生变化时，这个色彩的性质也会随之发生变化。因此，我们把颜色这三个要素称之为色彩的三属性。对于无彩色系来说，只有明度的变化而无色相的互补性和纯度的变化性。

一、色相

色相是色彩所呈现出来的面貌和特征，是各种不同色彩之间相互区别最关键的标志。比如：红色的苹果、蓝色的海洋、绿色的树叶（如图9-6至图9-8）。人们就是根据色相来称呼某一种颜色为红色、黄色、绿色等。色相是由物体表面反射（或透射）后达到视觉神经的色光来确定的。除了无彩色系以外所有的有彩色系都有色相的属性，而色相就是由原色、间色和复色来构成的。

色彩是光反射到人眼作用视觉神经而产生的感觉，从光学意义上来讲，色相差别形成是由光波波长的长短产生的，即便是同一类颜色，也能分为几种色相，如蓝色可以分为普蓝、湖蓝、钴蓝、浅蓝等，而红色可以分为朱红、大红、枣红、玫瑰红等。波长最长的色相是红，最短的是紫色。把最初的基本色相红、橙、黄、绿、青、蓝、紫和各色中间加插一两个中间色，其头尾顺序为：红、橙红、黄橙、黄、黄绿、绿、绿蓝、蓝绿、蓝、蓝紫、紫。红紫、红和紫中再加个中间色，可制出12个基本色相（如图9-9）。

这12个基本色相的色调变化，在光谱色彩感上是均匀的。如果进一步再找出其中间色，便可以得到24个色相。如果把12个基本色相顺序按照圆环进行分布排列，即得到12色相环。同样的方法，我们可以得到24色相环。在色相环的圆圈里，各色调按不同角度排列，则12色相环相邻两色间距为30°（如图9-10），24色相环间距则为15°（如图9-11）。

二、明度

明度是色彩最重要、最基本的特征之一，明度是眼睛对光源作用于物体表面后由于不同物体反射光量的区别形成的明或暗这一视觉感知的程度，是人眼对色的明暗（深浅）的感知尺度，其深浅的程度主要受光线强弱所决定（如图9-12）。

图9-6　色相1

图9-7　色相2

图9-8　色相3

图9-9　12色相带

图9-10　12色相环

图9-11　24色相环

图9-12　色彩明度层次变化

谈到明度我们可以先从无彩色入手，因为无彩色只有明度一维属性，所以辨识起来相对容易。理论上说，白色是光线全部反射的结果，所以白色的明度值最大。黑色对光线不反射，因此明度值最小。灰色则介于两者之间，因此明度值居于两者之间。

有彩色的明度可分为两种情况：一个是同一种色相的不同明度，如同一色彩在强光的照射下显得亮一些，弱光照射下显得灰暗些。同一种颜色在掺入白色调和后，明度会得到提升，而掺入黑色调和后亮度则会下降。另一种是各种颜色不同的明度，任何一种色相都有着自己的明度特征，其中黄色的明度最高，处于光谱的中心位置。紫色是明度最低的颜色，处于光谱的边缘。绿、红、蓝、橙的明度相近，为中间明度。色彩的明度变化往往会影响纯度，如绿色加入黑色以后明度降低了，同样纯度也降低了。加入白色则明度提升了，纯度却降低了（如图9-13至图9-15）。

三、纯度

纯度通常指的是色相明确或含糊、鲜艳或混浊的程度，也称饱和度或彩度。从光学的角度上来看，一种颜色的鲜艳与否，取决于该色对某一单一色光的反射程度。反射的色光越单一，那么这种色彩的纯度就越鲜艳，反之则越混浊。

无彩色只有明度一维属性，因此纯度值为零。有彩色中的色相不仅在明度上有区别，各种色相纯度也不尽相同。例如红色是色相中纯度最高的颜色，橙色、黄色、紫色等颜色的纯度其次，蓝色、绿色的纯度最低。有彩色中的任何两种或两种以上色相进行混合，产生的色相其纯度值始终低于单一色相的纯度。

我们视觉能够辨认出有色相感的颜色都具有一定的饱和度。比如一个高纯度颜色，当它和白色进行混合时，虽然它的颜色还具有这一色相的特征，

图9-13　有彩色明度对比

图9-14　绿色加入黑色后的明度变化

图9-15　绿色加入白色后的明度变化

但伴随白色的不断加入，颜色的明度不断提升，但它的纯度则不断降低。当它混入黑色时，伴随黑色的加入明度有所下降，纯度也随之降低了。当混入与其明度相近的中性灰时，他的明度没有变化，纯度则被降低了（如图9-16至图9-18）。

图9-16　高纯度颜色加入白色纯度下降

图9-17　高纯度颜色加入黑色纯度下降

图9-18　高纯度颜色加入灰色纯度下降

知识链接

色立体

如果将颜色的色相、明度、纯度三个要素放置到空间中，使其构成一个有机的体系，那么这个空间中的色彩体系就是色立体。色立体外形犹如一个不规则的球体，以明度为中心轴，明度中心轴与地面水平垂直。球体的赤道就是色相环，各种色相以明度轴为中心环绕分布。在色相环上任意找到一个色相所在位置，向中心的明度轴连线，这条线就是纯度轴，纯度按照由内（明度轴）及外，纯度按由低至高的顺序水平分布（如图9-19）。

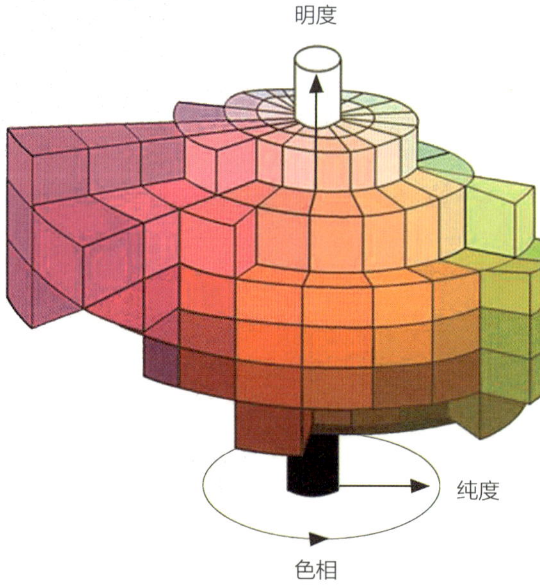

图9-19　色立体结构图

在色立体中，任何颜色都可以找到与它相对应的位置和色号，色立体对色彩进行三维空间的管理，色一个颜色都有属于自己的特定空间位置，这样既方便我们去查找，还有利于我们对各种不用颜色进行整体的分析、比较以及使用。

课堂实训

1. 明度推移练习

内容：选择一个明度适中的灰色，以逐渐加白和加黑的方式，以灰色为中心往两端推移。

要求和方法：注意每个灰度阶之间的明度值变化要均匀，渐变过程为9个明度等级差。

2. 色相推移练习

内容：在色相环上随意挑选一个颜色，按顺时针或者逆时针的顺序，完成12个色相推移练习。

要求和方法：利用绘图工具规范制图，先将色相环等分后然后再填入相应的色彩，注意观察不同色相和相邻色相间的色彩差异。

3. 纯度推移练习

内容：选择一个高纯度的颜色和与一个与之明度相同的中性灰，通过色阶的推移，不断增加灰色的调入，得到一个纯度渐变的画面。

要求和方法：注意每个纯度阶之间的纯度值变化要均匀，渐变过程为9个明度等级差。

第三节　色彩的混合

所谓色彩的混合，指的是在某一种色彩中混合加入另一种色彩后造成色彩三属性的改变构成与原色不同的新色。我们按照色彩混合模式的不同将其分为三个大类：加色混合、减色混合、中性混合。

此外，我们还需要了解的是色彩“三原色”。三原色中任何一种颜色都不能由另外两种原色混合产生，而其他颜色均由这三种原色按不同比例混合得到，色彩学称这三个独立的颜色为三原色或三基色（如图9-20、图9-21）。

图9-20　加色混合三原色：品红、黄、青

图9-21　减色混合三原色：红、绿、蓝

一、加色混合

由两种或者两种以上的色光混合时，会刺激人的视觉奇观，产生一种光色的效果。这种由不同色光叠加在一起，造成明度不断增加而产生的综合色觉现象称之为加色混合。加色混合中混合色总亮度等于组成各色亮度综合。色光加色混合这一原理被广泛地运用到电视机、显示器、投影仪以及舞台灯的光表现上。

加色混合的三原色为红、绿、蓝三种色光，如果按等比例对其进行混合，可以得到白光，其表达式为（R）+（G）+（B）=（W）。红光和绿光等比例混合，得到黄光，即（R）+（G）=（Y）。红光和蓝光等比例混合，得到品红光，即（R）+（B）=（M）。绿光和蓝光等比例混合，得到青光，即（B）+（G）=（C）（如图9-22）。

色光不等比例混合，可以得到其他我们想要的色相，例如：较少的红光和较多绿光混合得到黄绿光，较少的绿光和较多红光混合得到橙光（如图9-23）。

二、减色混合

减色混合指的是本身不发光却能有选择吸收部分色光将剩余色光反射出去的色料间的混合。当两种或者以上色料进行混合时，相当于照在上面的白光中减去各种色料的吸收光，其剩余部分的反射光混合结果就是色料混合后产生的颜色。色料中混合的颜色越多，白光被吸收的就越多，反射光就越少，直到最后趋近黑色。减色混合的特点和加色混合相反，混合后的色彩明度、纯度较之从前都有所下降，混合的色彩越多，混色的明度和纯度就越低。减色混合的原理被广泛运用到印染燃料、绘画颜料、印刷油墨等各个行业中。

减色混合的三原色为：品红、黄、青。按照等比混合可以得到黑色，其表达公式为（M）+（Y）+（C）=（B）。品红和黄色相混合，可以得到红色，其表达公式为（M）+（Y）=（R）。黄色和青色混合，可以得到蓝色，其表达公式为（Y）+（C）=（G）。青色和品红混合后会得到蓝色，其表达公式为（C）+（M）=（B）（如图9-24）。

色料的不等比例混合，可以得到其他我们想要的色相，例如：较少的品红和较多青色混合得到深蓝色，较少的青和较多品红混合得到紫色（如图9-25）。

三、空间混合

在一个平面中，将两种或者两种以上颜色并置在一起，当它们在视网膜上的投影小到一定程度时，以至于我们的眼睛无法分辨不同颜色的反射光时，从而形成一种视网膜上混合的色感，这种色彩的混合模式我们称之为空间混合。事实上色彩的空间混合是通过色料的特殊混合方式来达到加色混合效果的一种错视现象，在印刷、编制艺术、刺绣、点彩画中被广泛运用。

空间混合的效果关键取决于有两个方面：一个是色料的面积大小。面积越小色彩混合的效果就越单纯和细腻，反之，混合色效果就会显得杂乱、炫目。二是观测距离的远近。空间混合完成的作品，

图9-22　色光的加色混合

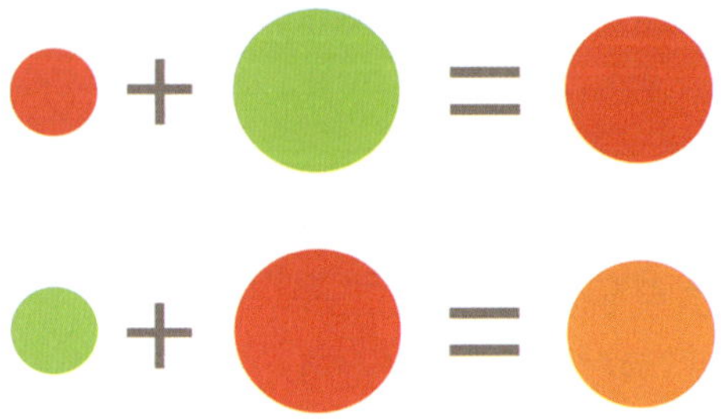

图9-23　加色不等量混合

图9-24　减色混合

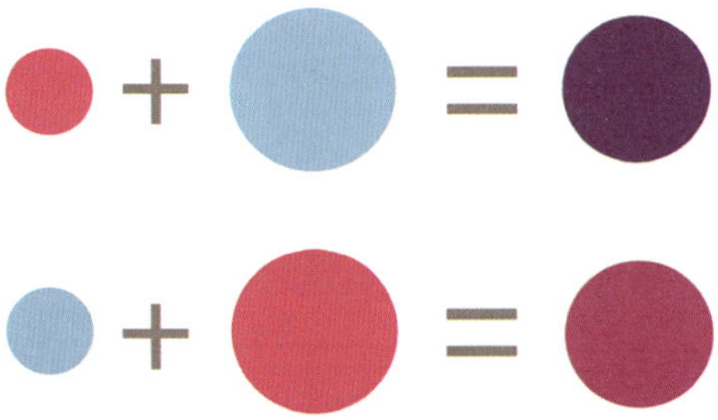

图9-25　减色不等量混合

近距离观测具有色彩斑斓、闪烁跃动的光感，但松散的色点，使得物体形象轮廓变得模糊，我们只有在特定观测距离观看时，画面才能获得明确的色彩关系和清晰的轮廓形象（如图9-26至图9-29）。

图9-26　西涅克的风景写生作品1

图9-27　西涅克的风景写生作品2

图9-28　西涅克的风景写生作品3

图9-29　西涅克的风景写生作品4

知识链接

巨幅油画《大碗岛的星期日下午》是修拉艺术生涯晚期的作品（如图9-30），可以认为，体现了他一生美学思想和艺术技巧，是他最富代表性的杰作。修拉充分研究了谢弗雷的《色彩对比论》、麦克斯威尔、罗德等人的光学理论，采用积极的“空间混合”，即将未调和的纯色以色点的形式并置于画面，通过观众的视觉作用产生混合效果。

该幅作品画面用静谧、冷漠的色点组合，描绘了盛夏的一个星期日下午，大碗岛河畔草地上由休憩游玩的各式人物构成的场景。无数细小的色点创造出一种夏日炎炎在自

图9-30《大碗岛的星期日下午》（作者：乔治·修拉）

然光中闪烁颤动相似的极明亮、绚烂的效果，给人一种阳光闪耀、影影绰绰的幻觉。

画中人物大多没有什么动作，只有块面组成的剪影似的形体，分不出五官细节，更看不出个性特征。整个画面在色彩的量感、主从关系的对比中取得了均衡与统一。这幅作品创作中“色彩空混”原理的积极作用表现在：当我们欣赏这幅画时，新鲜光亮的色彩，扑朔迷离、若隐若现的场景，仿佛真的使我们置身于盛夏的大碗岛，成为游玩人群中的一员，沐浴着灿烂的阳光，享受着星期日轻松、愉快的时光。

资料来源：摘编自《电影评介》，“新印象派”修拉的艺术科学化定位——油画《大碗岛的星期日下午》分析，孟巍。

课堂实训

点彩写生

内容：在一天中的不同时间如早晨、中午、傍晚，对同一景物或静物进行色彩写生，尽量使用三原色色点做空间并置混合，可以少量使用其颜色作为辅助。

要求和方法：运用色点完成画面，注意画面色点的疏密虚实等关系，强调画面的光感、空间感和气氛感，关注局部色彩同时要把握整体关系（如图9-31至图9-34）。

图9-31 《睡莲》1（作者：克劳德·莫奈）

图9-32 《睡莲》2（作者：克劳德·莫奈）

图9-33 《睡莲》3（作者：克劳德·莫奈）

图9-34 《睡莲》4（作者：克劳德·莫奈）

第四节 色彩的体系

现实生活中许多行业为了产品的颜色达到预期的效果并保持产品色彩的一致性，必须对色彩进行定量化的表示。传统的色彩表示往往是感性的定性化表示方法，最常用的就是用色名来描述色彩对象，但是这种表示方法往往在色彩的传递过程中容易造成色彩含义的变化。例如一个名称为天蓝的颜色，不同的人会给出不同的色彩，为了规范和科学地表述一种色彩，我们就必须对色彩做定量的描述。

定量描述色彩的系统方法我们称之为色彩体系。色彩体系是通过人的视觉特点，使用标定的符号系统，把色彩按照一定的体系、规律进行规律排列的方法。

如何对色彩进行系统定量的表示，各国有着不同的色彩表示体系。比较著名和常用的色彩体系有，蒙赛尔色彩体系、奥斯瓦尔德体系、P.P.C.S色彩体系以及中国色彩体系等。

一、蒙赛尔色彩体系

蒙赛尔（Albert H. Munsell 1858-1918）美国色彩学家。他的这一体系经过美国国家标准局和光学学会的反复修订，于1943年发表“修正蒙赛尔体系”。蒙赛尔色立体由于其科学的精度、便于管理，成了色彩界公认的标准色系之一。

蒙赛尔色彩体系的表示原则是：蒙赛尔色彩体系表示的三个变量就是色彩的三属性：色相、明度和纯度。他认为，在色彩体系的几何范围内，相邻的色彩在色相、明度、纯度三个属性中每一个的视觉间隔相等。将色彩体系按照色相、明度、纯度以空间秩序进行排列，可以得到色立体。其中明度变化为中间轴，从里向外延伸出的是纯度轴，而组成色相则是纯度轴和纯度轴共同组成的切面。

蒙赛尔色彩体系采用了十进制的优点，选择了5个原色：红（R）、黄（Y）、绿（G）、蓝（B）、紫（P）和5种间色：黄红（HR）、绿黄（GY）、蓝绿（BG）、紫蓝（PB）、红紫（RP）得到10个主色调。每个色阶又以十进制划分，数字5为改色的正色，如5G是正绿色。

蒙赛尔色立体中间垂直轴，代表无彩色的黑白明度，按照从下到上：黑、灰、白的明暗构成，以此作为色彩的明度标尺。黑色的明度值为0，白色为10，按明度十进制划分为10个等级。

色彩的饱和度按照靠近其色彩彩度逐渐增加，以无彩色为起始值0，依次向1，2，3，4，5…逐级递增（如图9-35、图9-36）。

二、奥斯瓦尔德色彩体系

奥斯瓦尔德，德国物理化学家。1910年之后，奥斯特瓦尔德还进行了颜色学的研究，制定了衡量颜色的笔筒的测量标准，提出了奥斯特瓦尔德色彩系统。

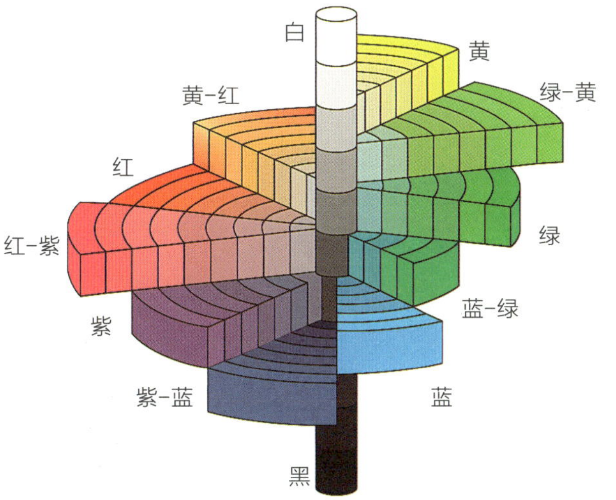

图9-35 蒙赛尔色立体构造

图9-36 蒙赛尔色立体模型

奥斯瓦尔德色系：以8色为基础，对每一个颜色进行3等分，共24色相，明度为中心轴分为8级，分别用a，c，e，g，i，l，n，p表示，每一个字母均表示特定的含白量和含黑量。

奥斯瓦尔德的全部色相都是由纯色与不同量的白色和黑色混合而成，其表述方法是色C纯色量/W含白量/B含黑量=100，以等腰三角形的形式呈现，以无彩色阶的一边为底边，纯色为顶点，每边长依黑白量逐渐变化排成8色，形成等色相的等腰三角形。这样做成的24个色相，以消色轴为中心，转动一周形成一个圆锥体，这就是奥斯瓦尔德色立体（如图9-37、图9-38）。

三、P. P. C. S色彩体系

日本色彩研究所于1964年发表了日本色彩研究配色体系Practical Color Co-ordinate System（简称P.C.C.S体系）。P.C.C.S综合了蒙赛尔、奥斯瓦尔德色彩体系的优点，针对色彩教育、色彩管理、色彩传播等实用需求，发展出来的色彩体系。

P.C.C.S体系以色彩三要素为基础，但它将明度和纯度系统的合成为色调，将色彩以色相和色调的观念来讨论，这种方式有利于平时我们感性地表达色彩的名称，例如：粉红色、浅红色、鲜红色，红是色相，而且鲜、浅、粉则是色调。

P.C.C.S色彩系统色相可分为12、24、48等不同色相环，其中以24色相环为标准；明度分为9个阶，除了黑白之外还有7个阶的灰色阶，数值有从小（黑）到大（白）顺序依次排列；P.C.C.S纯度区分吸取了奥斯瓦尔德色系的各纯度等价性的优点，按照纯度高低的不同，分为9个阶，1S（最低），9S（最高）。值得注意的是，为了和蒙赛尔体系进行区分，P.C.C.S在纯度数值后加字母S表示。

以12个色调的位置来管理色彩、相容色相，

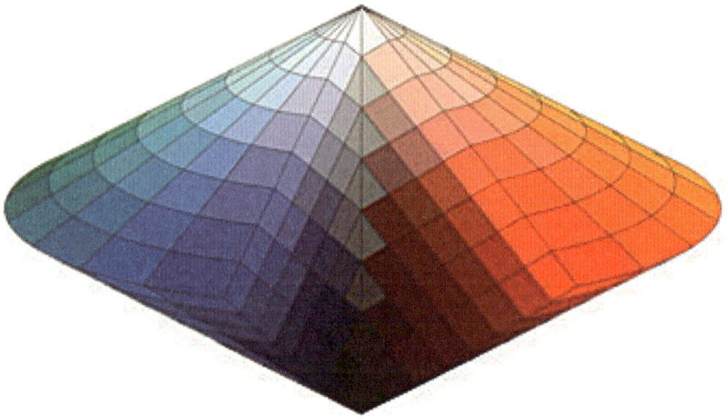

图9-37　奥斯瓦尔德色立体构造

图9-38　奥斯瓦尔德色立体模型

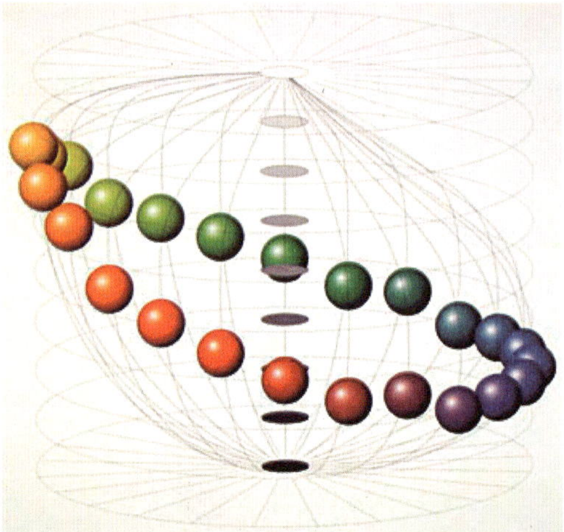

图9-39　P.C.C.S色立体构造

分别为：鲜亮色调（Vivid）、明亮色调（Bright）、强烈色调（Strong）、深色调（Deep）、浅色调（Light）、柔色调（Soft）、纯色调（Dull）、暗色调（Dark）、淡色调（Pale）、浅灰色调（Light grayish）、灰色调（Grayish）、暗灰色调（Dark grayish）（如图9-39至图9-41）。

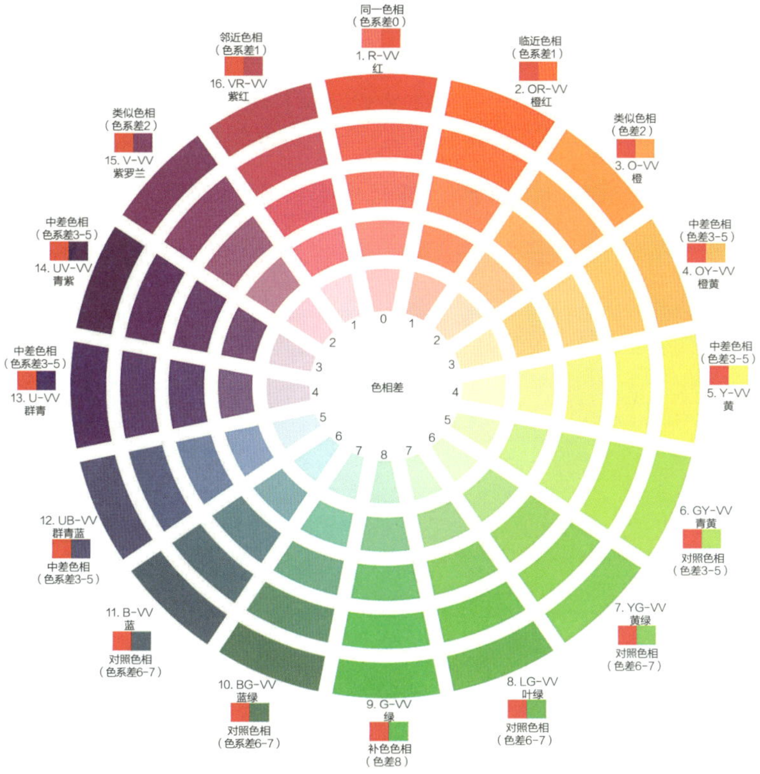

图9-40　P.C.C.S色相环

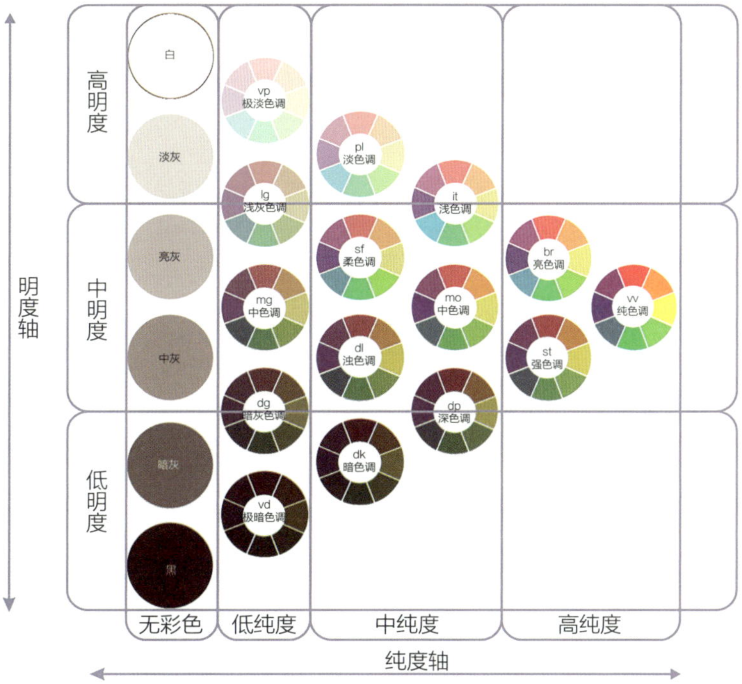

图9-41　P.C.C.S色调图

知识链接

中国传统的色彩体系——五色观

中华民族群体的五行色彩观，代表了中国人的宇宙时空观念。东、西、南、北、中的五行观，是中国人的空间观念，它的色彩组合就是东方主青色、西方主白色、南方主赤色、北方主黑色、中央主黄色的五行色彩组合。春、夏、秋、冬四季运行，周而复始，是中国人的时间观念。它与五色五行相配，就是春青色、夏红色、长夏黄色、秋白色、冬黑色的色彩组合。它与图腾神祇五行相配，就是东方青龙，青色；西方白虎，白色；南方朱雀，红色；北方玄武，黑色；中央黄色。它与人格化五行神祇崇拜相配，就是东方青帝、西方白帝、南方赤帝、北方玄帝、中央黄帝的五方神色彩组合。它与金、木、水、火、土五行相配，就是木为青、金为白、火为红、水为黑、土为黄的五行色彩组合。

资料来源：摘编自《Show China》，色彩体系——五行八卦观的色彩观

课堂实训

色相切面临摹

内容：在蒙赛尔色彩、奥斯瓦尔德色、P.C.C.S三种色彩体系中，每组挑选一个色相，绘制其在色立体上的切面构成图。

要求和方法：在绘制过程中，尽可能让色相与明度、纯度各阶关系过渡均匀自然。

第十章

色彩的对比

10

大千世界色彩斑斓，现实中的色彩往往都不是独立存在的，各种不同的色彩之间充满了细微的差别，当几种不同颜色同时或者连续并置在一起时，色与色之间就会产生相互对比的作用，呈现出如明暗、冷暖、鲜浊等方面的差异。色彩对比是单一颜色无法呈现的，它体现了单一颜色在周围颜色中所受到的影响（如图10-1至图10-3）。

色彩对比按照呈现的先后顺序方式可分为两种：一种是同时对比，即不同的颜色在同一时间，同一视域内色彩呈现出来的视觉对比。这种情况下，色彩的排斥、比较、衬托与影响作用是相互依存的。另一种情况是不同的颜色按照时间的先后连续呈现形成的对比，我们称之为连续对比。人眼在看到第一个再看第二个颜色时，后入色会发成错视。先入色看的时间越长，影响越大。后入色的错视一般为先入色的补色，这种现象是视觉残像及视觉生理自我平衡本能所致。

图10-1 《心情色彩》（作者：许秀娟）

图10-2 《有阳光的早晨》（作者：刘俊杰）

图10-3 《九命猫》（作者：布怡颖）

第一节 色相的对比

色相环上的任何两种或以上颜色搭配，在一起的时候出现的色相差别形成的对比，称之为色相对比。色相对比是色彩对比的一个根本方面，其对比的强弱程度取决于色相之间在色相环上的角度差距，距离越小对比越弱，反之则越强。

一、同一色相的对比

同一色相对比指的是色相环上同一色相，或者非常接近的0°~5°之间色相产生的对比。由于色相本身对比差距甚小，对比往往存在于纯度和明度之间的对比，如深蓝与浅蓝的色相对比，就属同一色相对比（如图10-4）。

二、邻近色相的对比

邻近色相对比指在色相环上距离角度在15°~30°之间的色相间对比。由于色相间差距较小，邻近色间色对比属于弱对比范畴。类似色相对比在视觉中能感受的色相差异小，调式统一，常用于突出某个色相的色调。邻近色相对比微妙，呈现出暧昧、含糊的色彩倾向，女性用品在色相的搭配上较为青睐邻近色（如图10-5）。

三、类似色相的对比

类似色相对比指的是色相环中角度距离为60°以内的色相对比，处于类似色对比中的各色相，具有一定的差异性。但是，这种差异化程度相近，不会形成太大色彩的冲突，总体上属于协调、自然的色相搭配。类似色相对比，在自然界中植物的色彩呈现上较为常见，比如绿色的叶子、黄色的果实、红色的花朵（如图10-6）。

四、中差色相的对比

中差色相对比是指色相环中角度距离在90°以内的色相对比，中差色对比呈现出具有明快、活力的色彩倾向（如图10-7）。

五、对比色相的对比

对比色对比是指在色相环中角度距离为120°以内的对比，在色相对比中属于强对比（如图10-8）。

六、互补色相的对比

补色对比是指色相环上角度距离在180°以内色相间的对比，在色相对比中补色对比是最为强烈的。把补色成补色对比的颜色放在一起，会给人强烈的排斥感。若混合在一起，会调出混浊的颜色，如红与绿、蓝与橙、黄与紫互为补色对比（如图10-9）。

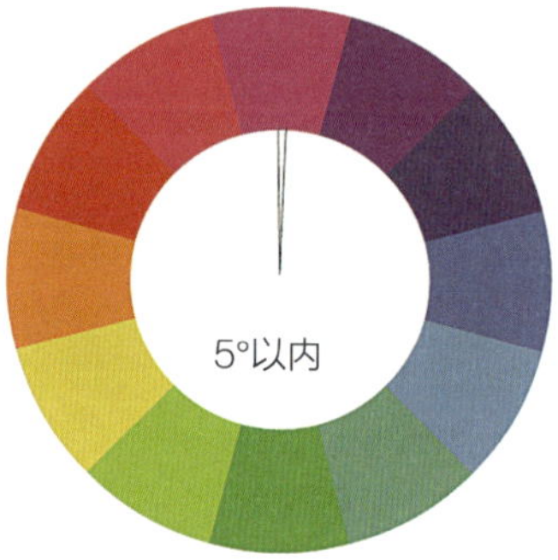

图10-4　同一色对比

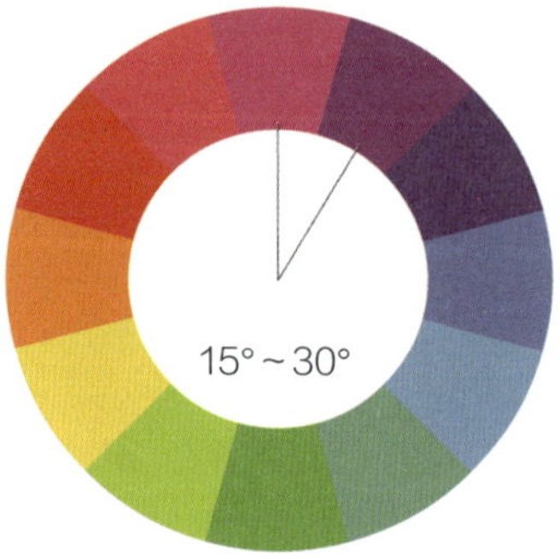

图10-5　邻近色对比

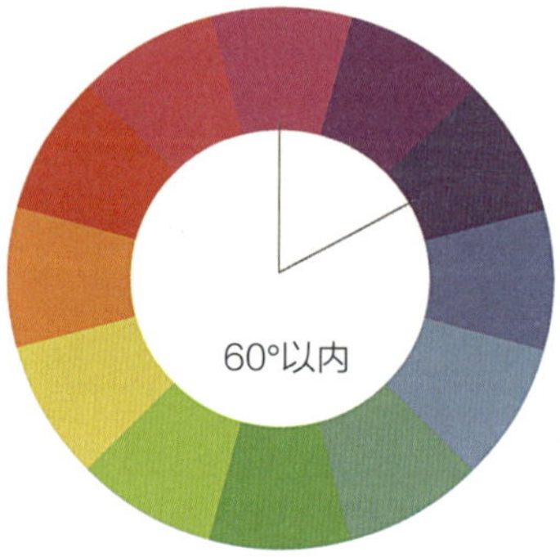

图10-6　类似色对比

图10-7　中差色对比

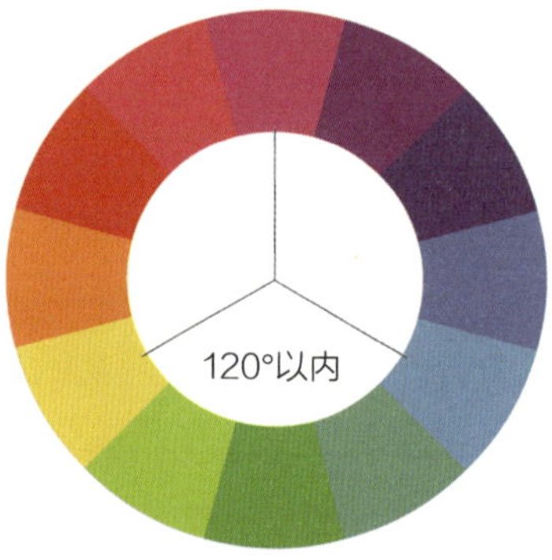

图10-8　对比色对比

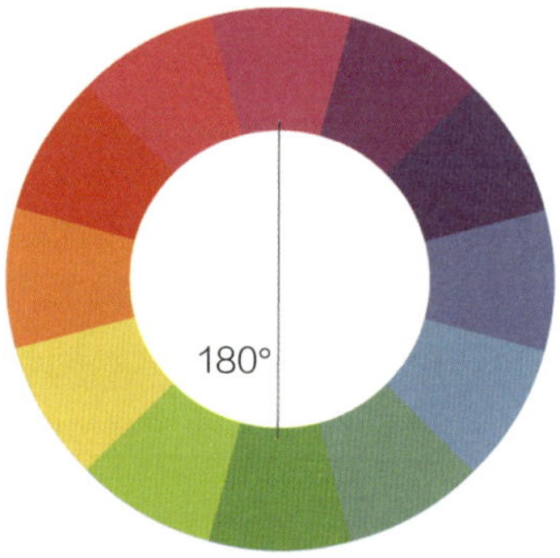

图10-9　互补色对比

知识链接

色彩的意蕴

色彩是客观世界实实在在的东西，本身并没有什么感情成分。由于人的社会活动与之发生联系，人的心理活动的参与，色彩又对人的思维、感情产生一定的影响。在这种交替的往复中，达到不断的再认识和心理调节。

色彩对人心理的影响，对绝大多数人来说是传统习惯的因袭。比如经常用某种色来表示某种特定的内容，于是该色便被赋予了某种事物的象征。色彩的象征在世界范围内有共性的东西，也存在着很大的民族差异。如同是喜庆的婚礼，华夏民族的火爆（红）和西欧民族的圣洁（白）则皆然不同，但都不失欢乐气氛。即便是同一民族认定的色彩崇尚，也不是一成不变的。如红色，我国古代被认作辟邪之色，我们今日则用于婚俗。这种演变是长期的、潜移默化的渗透结果，是观念的转意。驱灾辟邪的目的是保平安，平安才有婚配子孙香火，故红色又主为喜庆之色。

现代人由于文化素质的提高，对于色彩的感受依其阅历、修养、性格、情绪等不同而异，对于受过专业训练的人来说更当别论。因此，任何一种色彩，我们都可以罗列出临近的或相反的情感模式。所以光知道色彩的意蕴是不够的，关键是如何根据具体的环境去应用色彩。基于这点，我们说没有不能用的颜色，而是会不会用，这是我们每个设计者都要研究的。

资料来源：摘编自《色彩的运用》，设计中国。

课堂实训

色相对比构图练习

内容：利用本节所学，同一色、邻近色、类似色、中差色、对比色、补色这些不同色相对比关系，完成色彩对比绘制练习。

要求和方法：画面的内容、表现风格不限，至少应用三种或三种以上色相对比关系进行画面颜色的搭配（如图10-10至图10-12）。

图10-10 《年年有鱼》（作者：李祺琪）

图10-11 《凌乱在风中》（作者：刘文春）

图10-12 《迷宫》（作者：岳小碧）

第二节　明度的对比

明度对比，由于色彩的明暗程度的差别呈现出来的对比，也称黑白度对比。明度对比，有利于我们对空间、虚实、层次、体感的塑造。在色彩的对比中，明度对比对色彩轮廓的塑造是最为有效的，其程度远远超过单纯的色相或纯度对比。

一、明度色阶的概念

为了准确的量化明度对比值，理想状态中我们假设绝对黑的明度值为0，绝对白的明度值为10。但是在自然环境中绝对的黑和白都是不存在的，去掉这两个数值，按照黑、灰、白的顺序，将明度轴等分为9个阶。凡明度在1～3阶以内的色彩，称为低明度色，4～6个阶以内，称之为中明度色，7～9个阶以内的色彩，称为高明度色（如图10-13）。

二、明度对比的短对比、中对比以及长对比（如图10-14）

（1）明度短对比

分析对象中，色彩明度差值在3～4个阶以内，色彩的对比反差不大，在视觉中反差较弱，因而称之为明度的短对比（如图10-15）。

（2）明度中对比

分析对象中，色彩的明度差值在5～6个阶以内、3个阶以外，介于弱对比和强对比之间，因此称之为明度的中对比（如图10-16、图10-17）。

（3）明度长对比

分析对象中，色彩的明度差值在6个阶以上，色彩对比和反差最强，因而成为明度的长对比（如图10-18至图10-20）。

三、明度对比中的低调、中调、高调

在色彩明度分析对象中，我们经常会碰到判断一个对象色彩基调的问题。通常情况，我们按照明度色阶的3个等级进行划分。

（1）低明度调

如果在一个分析对象中，低明度色彩占据超过分析对象60%的面积优势时，我们就称其为低明度调（如图10-21、图10-22）。

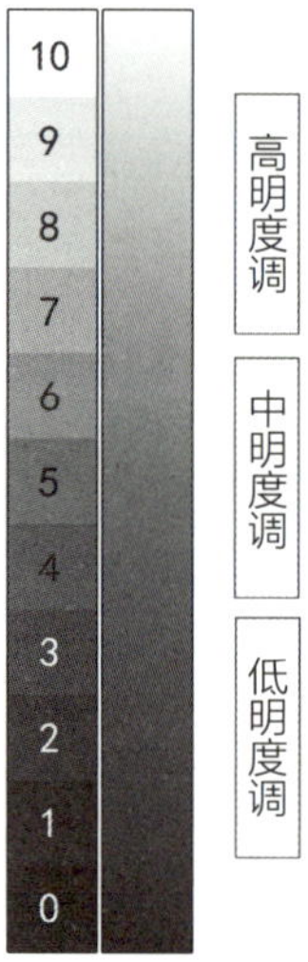

图10-13　低、中、高明度色

图10-14　短对比

图10-15　明度短对比

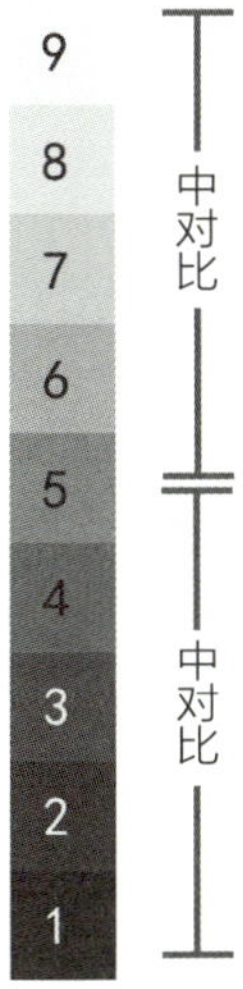

图10-16　中对比

图10-17　明度中对比

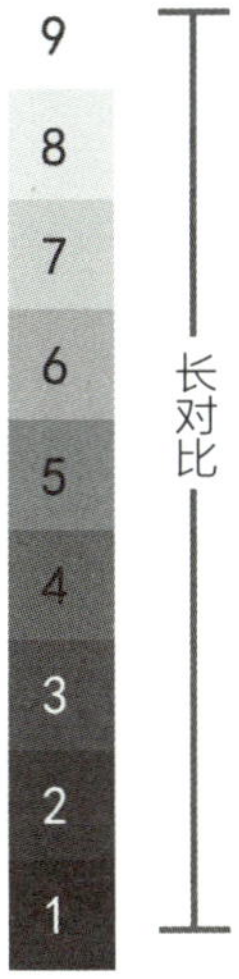

图10-18　长对比

图10-19　明度长对比

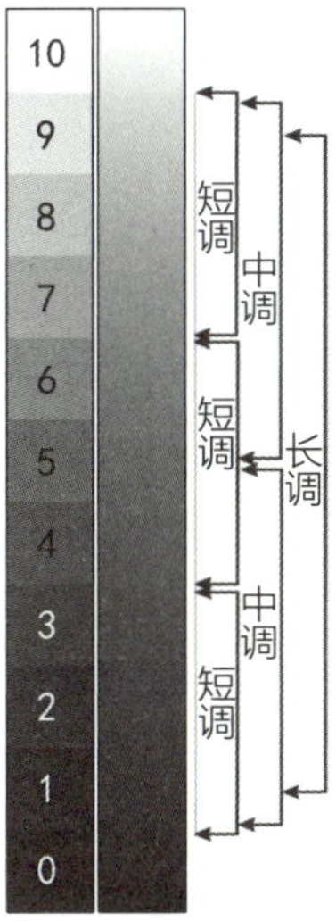

图10-20　明度长短对比对照图

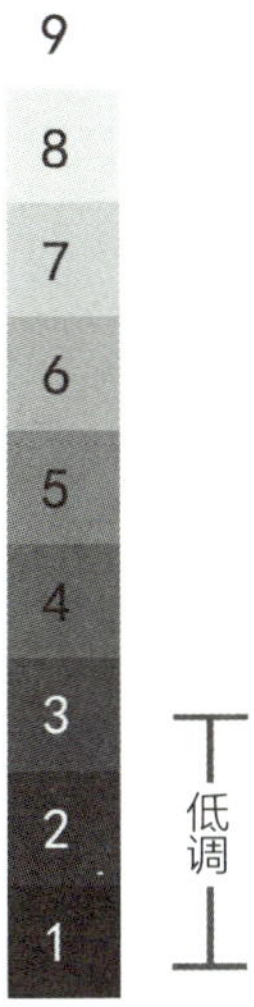

图10-21　明度低调

图10-22　低明度调作品

（2）中明度调

如果在分析对象中，中明度色彩占据超过分析对象60%的面积优势时，我们就称其为中明度调（如图10-23、图10-24）。

（3）高明度调

如果一个分析对象中，高明度色彩占据超过分析对象60%的面积优势时，我们就称其为高明度调（如图10-25、图10-26）。

四、明度九调性对比

为了能够综合分析对象色彩的明度对比和基调情况，我们把明度的三种对比和基调综合起来，得到明度的九调性对比（如图10-27）。

1. 高长调

分析对象色彩中，如果其中面积最大、作用也最大的色彩或色组属高调色，而最亮和最暗色的明度对比为长调对比，那么整组对比就称为高长调。

高长调整体色调明亮，对比强烈，具有鲜明、活跃、明朗、愉快的色彩特质（如图10-28、图10-29）。

2. 高中调

分析对象色彩中，如果其中面积最大、作用也最大的色彩或色组属高调色，而最亮和最暗色的明度对比为中调对比，那么整组对比就称为高中调。

高中调整体色调明亮，对比适中，具有明快、活泼、雅致、大方的色彩特质（如图10-30、图10-31）。

3. 高短调

分析对象色彩中，如果其中面积最大、作用也最大的色彩或色组属高调色，而最亮和最暗色的明度对比为短调对比，那么整组对比就称为高短调。

高短调整体色彩明亮，对比较弱，具有亲和、舒适、素雅、女性化的色彩特质（如图10-32、图10-33）。

4. 中长调

分析对象色彩中，如果其中面积最大、作用也最大的色彩或色组，属中调色。而最亮和最暗色的明度对比，为长调对比。整组对比，就称为中长调。

中长调整体色调适中，对比强烈，具有男性化特质、富于力度感（如图10-34、图10-35）。

5. 中中调

分析对象色彩中，如果其中面积最大、作用

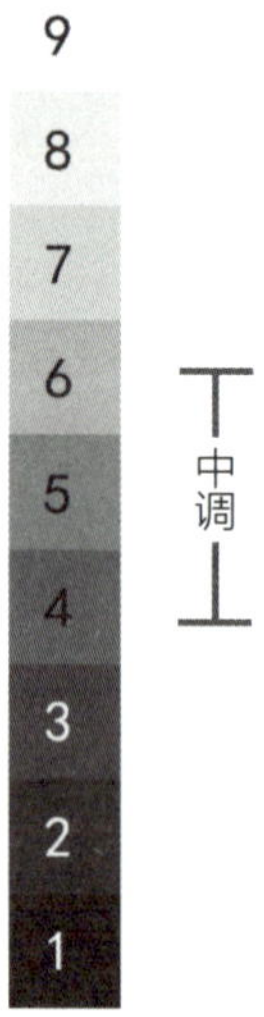

图10-23　明度中调

图10-24　中明度调作品

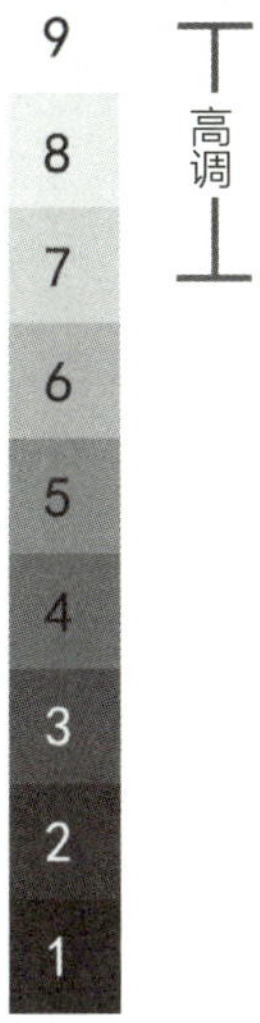

图10-25　明度高调

图10-26　高明度调作品

图10-27　明度九调（作者：刘文春）

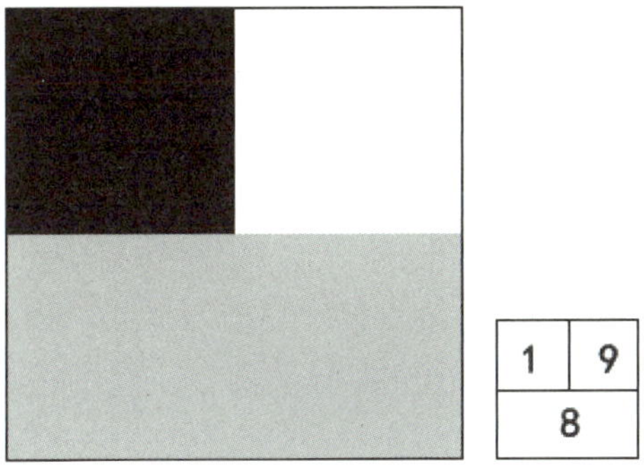

图10-28　高长调

图10-29　高长调练习

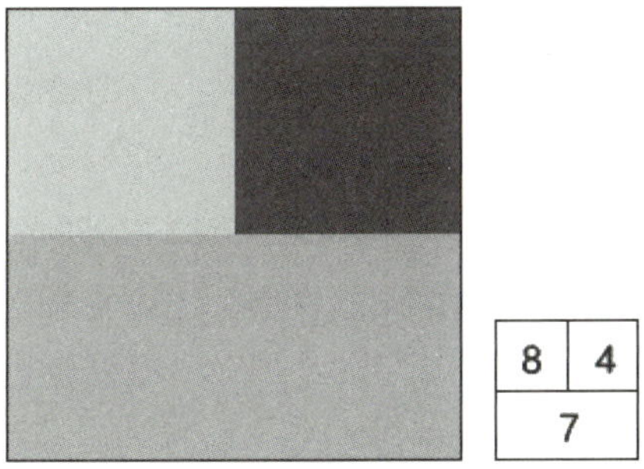

图10-30　高中调

图10-31　高中调

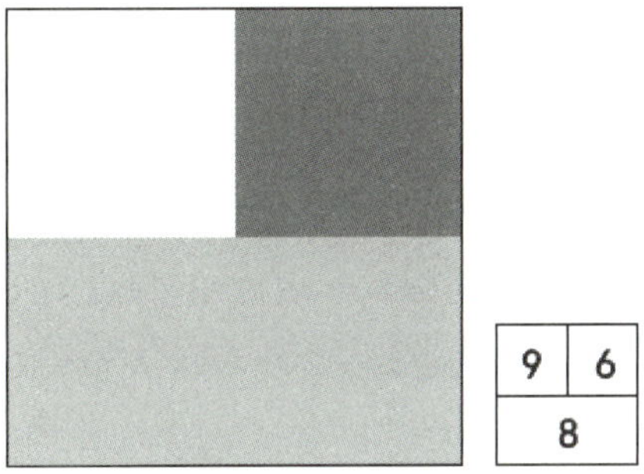

图10-32　高短调

图10-33　高短调练习

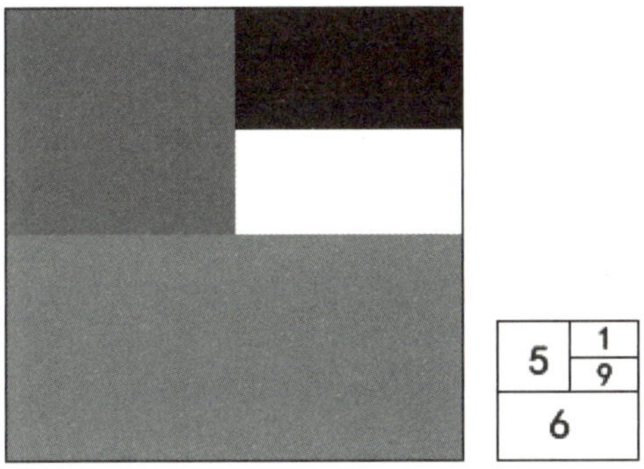

图10-34　中长调

图10-35　中长调练习

也最大的色彩或色组属中调色，而最亮和最暗色的明度对比为中调对比，那么整组对比就称为中中调。

中中调整体色调适中，对比适中，具有柔弱、含蓄、沉着、朦胧的色彩特质（如图10-36、图10-37）。

6. 中短调

分析对象色彩中，如果其中面积最大、作用也最大的色彩或色组属中调色，而最亮和最暗色的明度对比为短调对比，那么整组对比就称为中短调。

中短调整体色调适中，对比含糊，具有神秘、暧昧、沉重的色彩特质（如图10-38、图10-39）。

7. 低长调

分析对象色彩中，如果其中面积最大、作用也最大的色彩或色组属低调色，而最亮和最暗色的明度对比为长调对比，那么整组对比就称为低长调。

低长调整体色调暗淡，对比强烈，具有宣泄、苦闷、庄严、男性化的色彩特质（如图10-40、图10-41）。

8. 低中调

分析对象色彩中，如果其中面积最大、作用也最大的色彩或色组属低调色，而最亮和最暗色的明度对比为中调对比，那么整组对比就称为低中调。

低中调整体色调暗淡，对比适中，具有寂寞、厚重、有力、朴素的色彩特质（如图10-42、图10-43）。

9. 低短调

分析对象色彩中，如果其中面积最大、作用也最大的色彩或色组属低调色，而最亮和最暗色的明度对比为短调对比，那么整组对比就称为低短调。

低短调整体色调暗淡，对比含糊，具有死亡、忧郁、沉寂、神秘、迟钝的色彩特质（如图10-44、图10-45）。

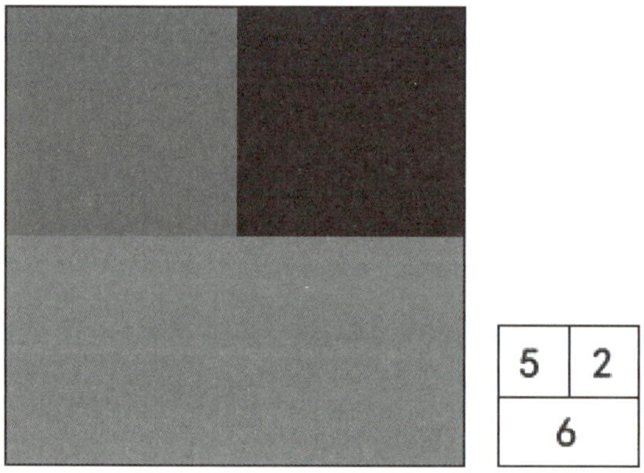

图10-36　中中调

图10-37　中中调练习

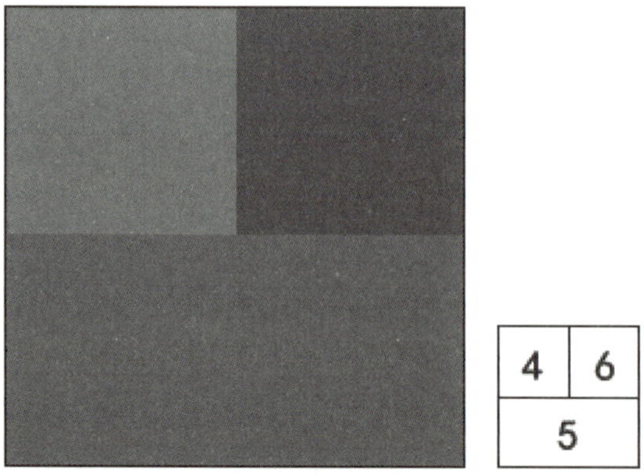

图10-38　中短调

图10-39　中短调练习

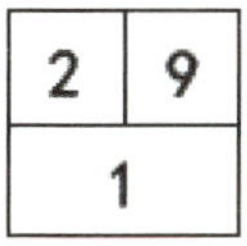

图10-40 低长调

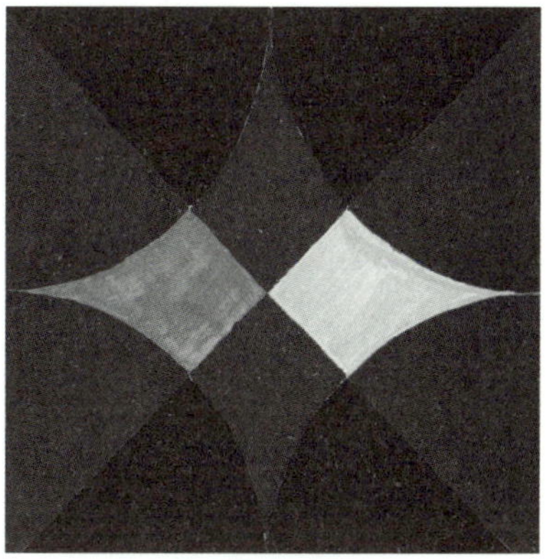

图10-41 低长调练习

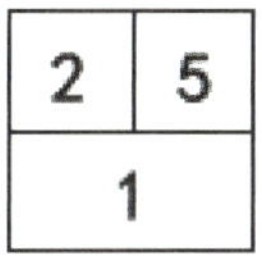

图10-42 低中调

图10-43 低中调练习

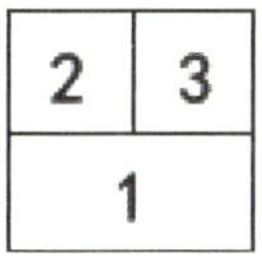

图10-44 低短调

图10-45 低短调练习

知识链接

黑白摄影——灰阶魅力

历史上，黑白摄影曾是摄影师唯一可以选择的拍摄模式。然而，随着时代的进步，即便在彩色摄影出现后，黑白摄影还是以其独特的魅力吸引着部分摄影爱好者。它的持久魅力，来自它鲜活生动的影像效果及独特表达情感和渲染气氛的方式。

黑白摄影所能调用的色调，远远少于彩色摄影，正因为如此，它对摄影者提出了更高的技术控制要求。摄影者在如何透过事物的表层，以黑、白、灰色调浑然天成般还原出其形块、线条、明暗和质感的过程中，必须要谙熟黑白摄影独特的影像语法。这犹如一位作家，必须要熟悉语言语法才能写出文章一样。黑白摄影特别讲究影调和层次。优秀的黑白摄影作品，多以优美动人的影调或丰富细腻的层次见长。因此，摄影者要掌握光线、曝光、影调、反差和滤光镜等要素的控制与处理技巧。在黑白摄影中，有一个不争的事实，那就是尽管从事黑白摄影的动机不尽相同，但潜在的一点却相当一致——所有热衷于它的摄影者，都会陶醉于白色相纸上所呈现的纯美而丰富的黑白和灰色影调。

黑白两极，如同高低两弦，我们聆听到优雅的变奏曲，这变奏是以构造视觉差异为特征、以抽象与具象为手段的。黑白之妙在于，与迷彩相比，它高雅而朴素；与缤纷相比，它纯粹而简约；与绮丽相比，它凝重而深刻。这就是黑白摄影的魅力之所在（如图10-46至图10-49）。

图10-46 《冲向云霄》（作者：何博）

图10-47 《沙滩与礁石》（作者：何博）

图10-48 《门》（作者：安瑞）

图10-49 《走路带风的人》（作者：安瑞）

课堂实训 色相对比构图练习

内容：利用本节所学的明度九调性原理，完成不同高低基调，长短对比的明度关系练习（如图10-50、图10-51）。

要求和方法：同一个画面展示九幅作品，画面的内容、表现风格不限，可以是同一构图的九幅作品，也可以是不同构图。按照不同明度关系的要求，进行画面颜色的搭配。

图10-50 《明度九调》（作者：袁俊馨）

图10-51 《九色鹿》（作者：宦乐）

第三节　纯度的对比

两个或者两个以上不同纯度的颜色同时或者顺序进入我们视野时，便会产生色彩鲜艳或混浊的视觉感受。这种源自色彩纯度上的对比，我们称之为纯度对比。

例如：一个鲜艳饱和的蓝色和一个含灰的蓝色并置在一起时，我们能够轻易地察觉出它们在色彩鲜浊上的差异。纯度可能是单一色相中不同纯度的对比，也可能是不同色相的纯度比较。纯黄色和纯绿色比较，纯黄色的饱和度更高；纯红色和纯黄色比较，纯红色的饱和度更高；纯蓝和纯红比较，纯红饱和度更高（如图10-52）。

一般说来，鲜艳的颜色显得清晰明亮，更容易吸引人的眼球，但同时容易使人的视觉疲劳。混浊的色彩柔和、含蓄，没有鲜艳色那样引人注目，但可以持久注视，由于色彩缺乏活力，也容易使人厌倦。所以，好的色彩搭配是鲜、浊色彩恰当组合的结果。

利用纯度对比，离我们近的物体色彩饱和度相对高，而离我们远的物体色彩饱和度相对低一些。利用这一属性，我们可以有效塑造空间中物体的前后关系，获得整体稳定，局部艳丽的色彩效果。

黑色、灰色和白色属于无彩色，纯度值都为0。

一、纯度色阶的概念

和明度色阶一样，我们将色彩由浊到鲜的顺序将纯度等分为9个阶。因为现实生活中纯度为0或者纯度为10的颜色是不存在的，凡纯度在1～3个阶以内的色彩，称为低纯度色；4～6个阶以内，称为中纯度色；7～9个阶以内的色彩，称为高纯度色（如图10-53）。

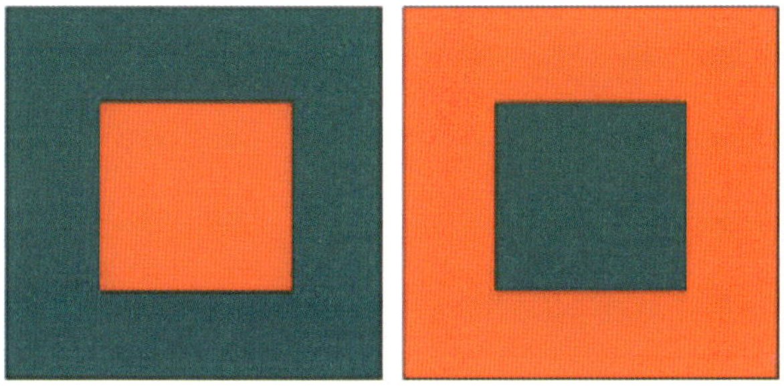

图10-52　纯红和纯蓝纯度对比

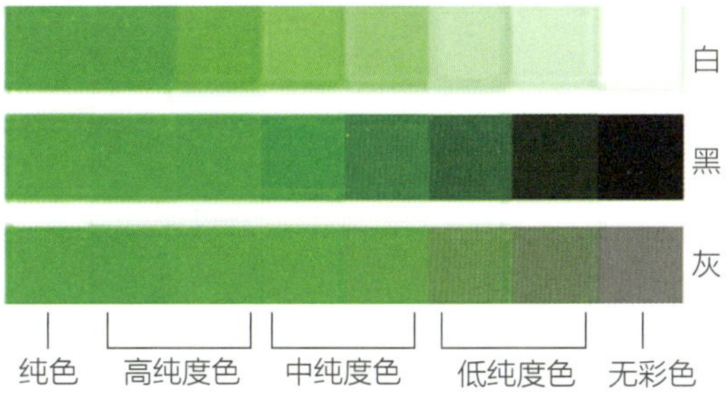

图10-53　纯度色阶

二、纯度对比的弱对比、中对比以及强对比

（1）纯度弱对比

分析对象中，色彩纯度差值在1～3个阶以内，纯度的对比反差不大，因而称之为纯度的弱调对比（如图10-54、图10-55）。

（2）纯度中对比

分析对象中，色彩的纯度差值在4～6个阶以内、3个阶以外，介于弱对比和强对比之间，因此称之为纯度的中调对比（如图10-56、图10-57）。

（3）纯度强对比

分析对象中，色彩的纯度差值在6个阶以上，纯度对比和反差最强，因而成为纯度的强调对比（如图10-58、图10-59）。

三、纯度对比中的灰调、中调和鲜调

在对象色彩纯度分析中，我们也试图将色彩纯度用基调进行分级，通常情况我们按照纯色阶的3个等级进行划分：

（1）纯度灰调

如果在一个分析对象中，低纯度色彩占据超过分析对象60%的面积优势时，我们就称其为纯度灰调（如图10-60、图10-61）。

图10-54　纯度弱对比

图10-55　纯度弱对比练习

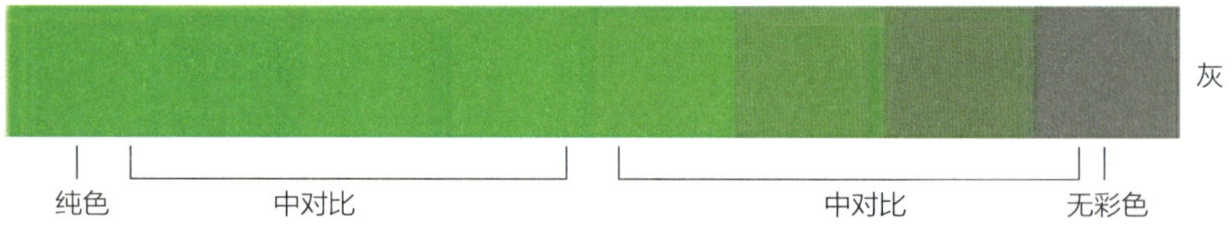

图10-56　纯度中对比

图10-57　纯度中对比练习

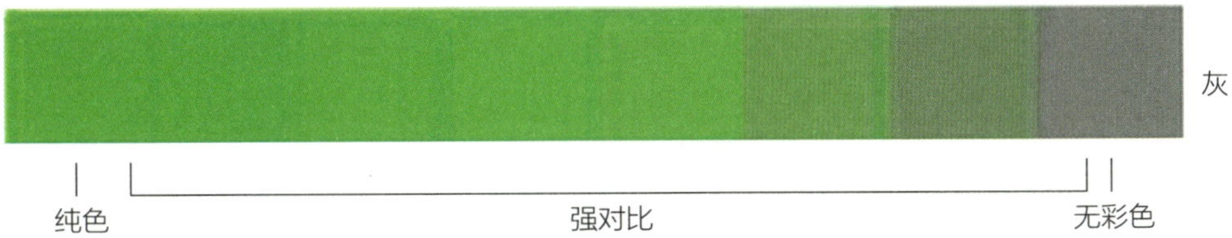

图10-58　纯度强对比

图10-59　纯度强对比练习

图10-60　纯度灰调

图10-61 《心情衣橱》
（作者：王春红）

（2）纯度中调

如果在分析对象中，中纯度色彩占据超过分析对象60%的面积优势时，我们就称其为纯度中调（如图10-62、图10-63）。

（3）纯度鲜调

如果一个分析对象中，高纯度色彩占据超过分析对象60%的面积优势时，我们就称其为纯度鲜调（如图10-64、图10-65）。

四、纯度的九调性对比

为了能够综合分析对象色彩的纯度对比和基调情况，我们把纯度的三种对比和基调综合起来，得到纯度的九调性对比。

1. 鲜强调

分析对象色彩中，如果其中面积最大、作用也最大的色彩或色组属鲜调，而纯度最高颜色和纯度最低颜色的对比为强调对比，那么整组对比就称为鲜强调。

鲜强调整体色调鲜艳，对比强烈，具有生动、活泼、华丽、强烈的色彩特质（如图10-66、图10-67）。

2. 鲜中调

分析对象色彩中，如果其中面积最大、作用也最大的色彩或色组属鲜调，而纯度最高颜色和纯度最低颜色的对比为中调对比，那么整组对比就称为鲜中调。

鲜中调整体色调鲜艳，对比适中，具有刺激、生动的色彩特质（如图10-68、图10-69）。

3. 鲜弱调

分析对象色彩中，如果其中面积最大、作用也最大的色彩或色组属鲜调，而纯度最高颜色和纯度最低颜色的对比为弱调对比，那么整组对比就称为鲜弱调。

鲜弱调整体色调鲜艳，对比含糊，由于色彩都属高纯色，具有刺目、原始、火爆、幼稚的色彩特质（如图10-70、图10-71）。

4. 中强调

分析对象色彩中，如果其中面积最大、作用也最大的色彩或色组属中调，而纯度最高颜色和纯度最低颜色的对比为强调对比，那么整组对比就称为中强调。

中强调纯度适中，对比强烈，具有适当、大众化、沉稳的色彩特质（如图10-72、图10-73）。

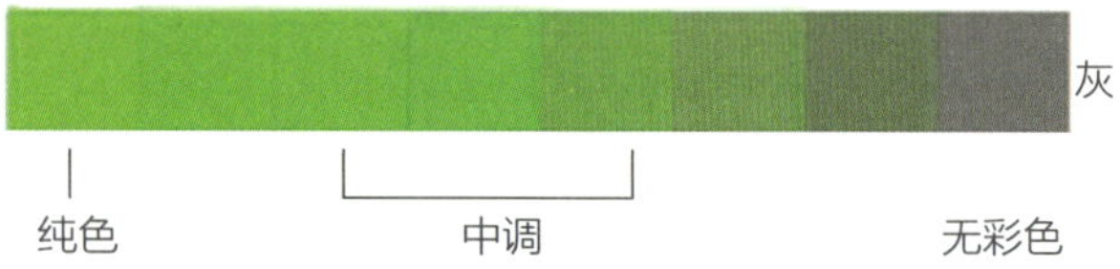

图10-62　纯度中调

图10-64　纯度鲜调

图10-63　《心情衣橱1》（作者：王春红）

图10-65　《心情衣橱2》（作者：王春红）

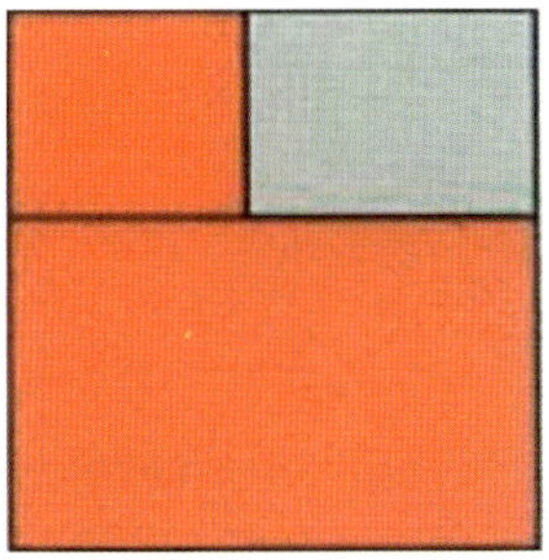
图10-66　鲜强调

图10-67　鲜强调构成练习

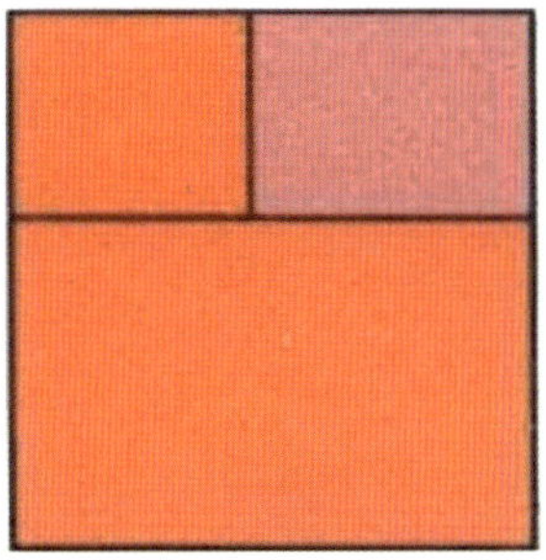
图10-68　鲜中调

图10-69　鲜中调构成练习

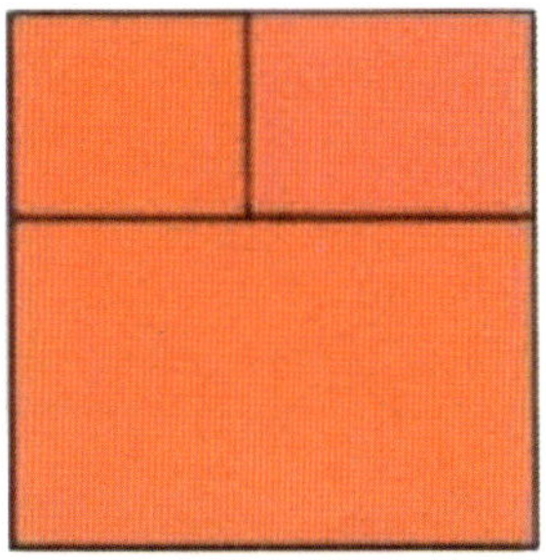
图10-70　鲜弱调

图10-71　鲜弱调构成练习

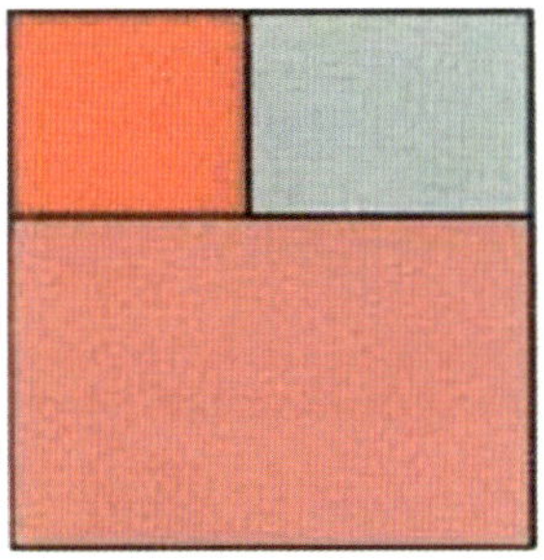
图10-72　中强调

图10-73　中强调构成练习

图10-74　中中调

图10-75　中中调构成练习

图10-76　中弱调

图10-77　中弱调构成练习

5. 中中调

分析对象色彩中，如果其中面积最大、作用也最大的色彩或色组属中调，而纯度最高颜色和纯度最低颜色的对比为中调对比，那么整组对比就称为中中调。

中中调纯度适中，对比适中，具有温和、静态、舒适的色彩特质（如图10-74、图10-75）。

6. 中弱调

分析对象色彩中，如果其中面积最大、作用也最大的色彩或色组属中调，而纯度最高颜色和纯度最低颜色的对比为弱调对比，那么整组对比就称为中弱调。

中弱调纯度适中，对比含糊，具有平板、含混、单调的色彩特质（如图10-76、图10-77）。

7. 灰强调

分析对象色彩中，如果其中面积最大、作用也最大的色彩或色组属灰调，而纯度最高颜色和纯度最低颜色的对比为强调对比，那么整组对比就称为灰强调。

灰强调纯度较低，对比强烈，具有大方、高雅又不失活泼的色彩特质（如图10-78、图10-79）。

8. 灰中调

分析对象色彩中，如果其中面积最大，作用也最大的色彩或色组属灰调，而纯度最高颜色和纯度最低颜色的对比为中调对比，那么整组对比就称为灰中调。

灰中调纯度较低，对比适中，具有沉静、大方、稳重的色彩特质（如图10-80、图10-81）。

9. 灰弱调

分析对象色彩中，如果其中面积最大，作用也最大的色彩或色组属灰调，而纯度最高颜色和纯度最低颜色的对比为弱调对比，那么整组对比就称为灰弱调。

灰弱调纯度较低，对比含糊，具有雅致、细腻、朦胧、含蓄的色彩特质（如图10-82、图10-83）。

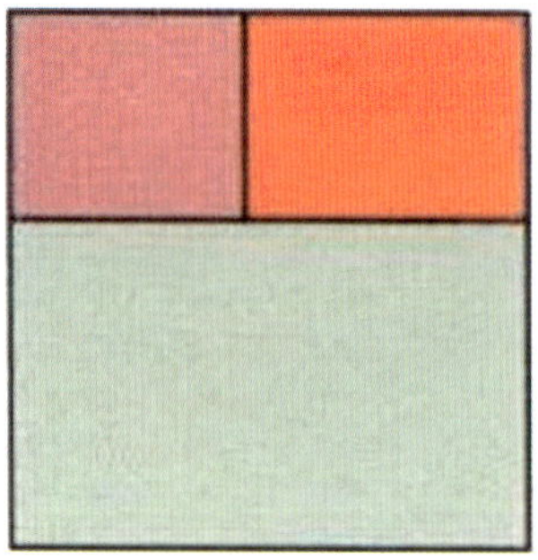
图10-78　灰强调

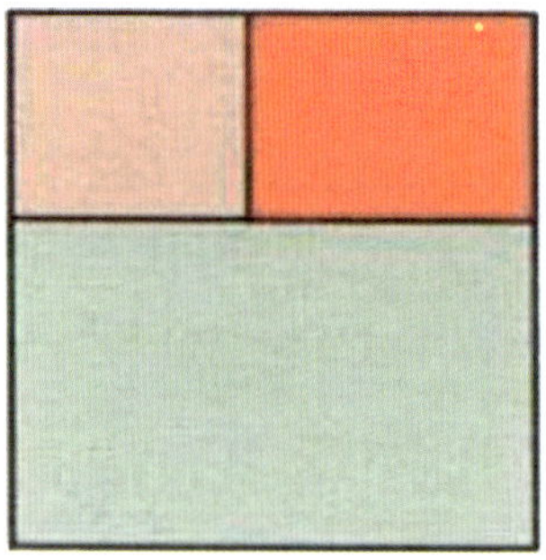
图10-80　灰中调

图10-82　灰弱调

图10-79　灰强调构成练习

图10-81　灰中调构成练习

图10-83　灰弱调构成练习

知识链接

影响纯度的因素

（1）混入无彩色黑、白、灰

当一个纯色混入黑色以后，色彩的纯度下降，明度也随之下降。混入白色以后，色彩的纯度下降，但明度得到提升。纯色混入等明度的灰色时，纯度下降，而明度不变。掺入灰色时，色彩变得中性化且暗淡。

（2）混入该色的补色

当一个纯色，混入同明度的补色时，明度基调不变，但纯度迅速下降。例如：在红色中混入其补色绿色，那么所得到的颜色纯度远远不及原有色的纯度。

（3）混入其他色

当一个纯色混入同明度的对比色时，明度基本不变，纯度则降低。当混入同明度的另一色，明度也基本不发生变动，纯度下降。

在改变纯度的过程中，无论加白、加灰还是加黑，都在不同程度上使改色冷暖倾向发生改变。一般来说，冷色加入无彩色变得暖，暖色加入无彩色变得冷。

课堂实训

色相对比构图练习

内容：利用本节所学的纯度九调性原理，完成不同鲜灰基调，强弱对比的纯度关系练习（如图10-84、图10-85）。

要求和方法：同一个画面展示9幅作品，画面的内容、表现风格不限，可以是同一构图的9幅作品，也可以是不同构图，按照不同纯度关系的要求进行画面颜色的搭配。

图10-84 《流云于飞天》（作者：许秀娟）

图10-85 《FOX》（作者：宦乐）

第四节 色彩的冷暖对比

一、冷暖知觉和色彩冷暖的通感

冷暖本身是用来形容人体对外界温度感知情况的，色彩也能够从视觉和心理上带给我们冷暖的知觉通感。这种感受的产生，主要体现在各个色相不同的特征上。例如：当我们看到橙色、红色或者是黄色的时候，容易让我们联想到火、太阳和阳光等发光、发热的事物，让我们感到温暖。当我们看到蓝色时候，我们会直观地联想到大海、苍天和雪域等冰冷的事物，让我们感到寒冷（如图10-86）。

二、冷暖色的划分

从色彩心理学上看来，橙色的纯色为最暖色，它在色相环的位置称之暖极。蓝色的纯色则为最冷色，它在色相环的位置称之为冷极。并用冷暖两极的关系，来划分色立体上其余色相的冷暖程度。红色和黄色距离暖极橙色的角度位置较近，同样属于暖色的范围。而靠近冷极的紫蓝色和蓝绿色，我们则把它划到冷色的范围。处于冷暖两极中间，赤道两侧的紫色、绿色、红紫和黄绿，我们称之为中性

图10-86 《冷暖对比练习》（作者：马苏艳）

色。靠近冷极的蓝紫和蓝绿，称之为中性偏冷色。而靠近暖极的红紫、黄绿，则为中性偏暖色（如图10-87）。

暖色让人心跳加快，血液循环加速，于是我们看到暖色是容易产生兴奋、激动、温暖的色彩感受。冷色让人心跳减缓，血压下降，血压循环减慢，因而产生镇静、消极、寒冷的生理反应。

三、冷暖色基调

分析对象的色彩冷暖关系中，如果对象超过60%的画面是以冷色调统领，那么我们就称其为冷色基调（如图10-88）。如果对象超过60%的画面比例为暖色统领，那么对象就为暖色基调（如图10-89）。

冷暖色的对比强烈，如果画面没有占统领地位的色调时，容易变得混乱刺目。因此，出现冷暖对比为主要对比关系的画面中，我们最好确立一个颜色的统领地位，另一个颜色作为辅助色陪衬，方可取得协调的画面效果。特别当碰到既有冷暖对比又有补色对比的画面时，我们还可以通过降低其中一方的纯度或者改变明度的方法，来取得画面的理想化效果。

四、无彩色的冷暖倾向

在色彩心理学中，无彩色也是有冷暖的知觉的。一般来说白色冷而黑色暖，在色立体中，接近白色的颜色给人以冷的色彩印象，而接近黑色色相则会给人温暖的色彩倾向。在色料中加入白色，会使颜色偏冷，而加入黑色，则会使颜色偏暖。

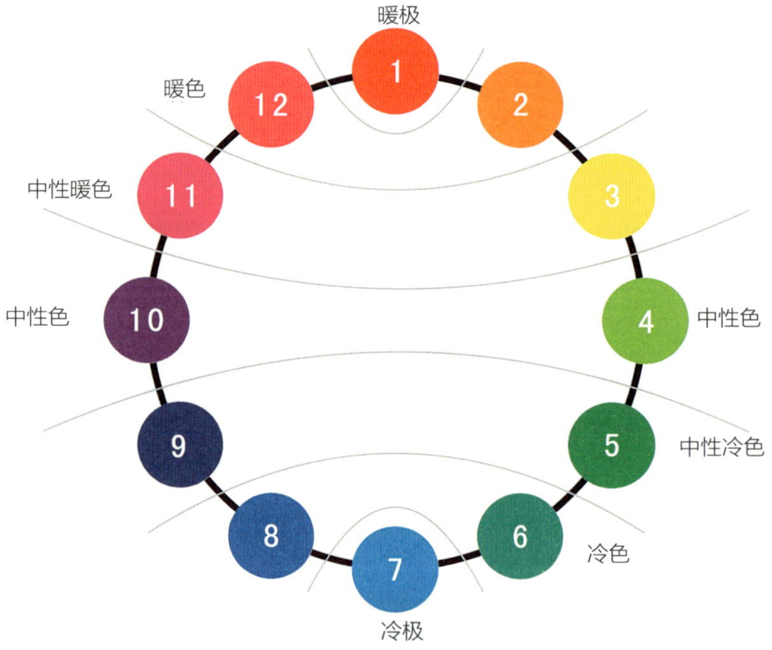

图10-87　冷暖色的划分

图10-88 《冷》（作者：袁俊馨）

图10-89 《暖》（作者：袁俊馨）

知识链接——服装店色彩搭配的三要素

在服装店内，除了商品的陈列，整个店面的色彩搭配也是一个吸引顾客注意力的重要环节，服装经营者，一定要学会合理运用各种颜色的搭配。

暖色系一般来说是很容易亲近的色系，例如红、黄等色，这比较适合年轻阶层的店铺。同色系中，粉红、鲜红、鹅黄色等女性喜好的色彩，对妇女用品店及婴幼儿服饰店等产品华丽的高级店铺较适合。

冷色系看来，有很远很高的感觉，有扩大感，严寒地区天花板很高的店铺，不宜使用，否则进入店内会感到很冷清，亲切感降低，尽量避免使用才好。

但在夏季为了再现山峰海涛的感觉，陈列时使用冷色系，可以产生清凉感，所以当作季节性的应用是很适合的。

此外，可以形成色彩效果的要素是商品颜色和墙壁颜色的调和。例如背景为黄色的墙壁，若陈列同色系的黄色商品时，不但看来奇怪且容易丧失商品价值。由此可见，如果陈列相反色系的对比色，例如黑、白商品并陈，商品会更加鲜明，一定要使用对比色。

服装店的许多措施不能仅仅为了提高销售而做，店面合理的色彩搭配从表面上看似乎并不能提高销售额。但是，如果身处一个极具感染力的购物环境中，相信顾客应该更愿意为商品掏钱的。

资料来源：摘编自《服装店色彩搭配的三要素》，中国女装网。

课堂实训

色彩冷暖关系的对比练习

内容：对同一构图的两个画面进行冷色基调和暖色基调的配色练习（如图10－90至图10－92）。

要求和方法：根据创意需要，利用复写纸或其他方法完成两张画面相同外形轮廓的描绘。然后，分别在两张画面上填入冷色基调和暖色基调的色彩，根据需要，可以适当加入其他颜色进行搭配。完成后将两幅作品并置在一起，进行仔细的观察和比较。

图10－90　色彩冷暖对比练习（作者：黄崇阳）

图10－91　《时间的旋涡》（作者：李沛珍）

图10－92　《狗狗的冬与夏》（作者：李娴）

第五节　色彩的面积与位置对比

色彩是平面设计中一个重要的组成部分，一幅好的设计作品，总是由各种颜色按照不同的面积比例、位置关系构建而成的，颜色的面积以及位置可以说是色彩构成一个不可忽视的重要因素，很多时候我们有了完美的颜色搭配，但是，由于色彩面积比例和位置关系上的把握不当也会导致用色失败（如图10-93至图10-95）。

一、色彩对比与面积的关系

（1）色调组合，只有在面积相同的情况下我们才能真正比较出色彩的实际差别、互相之间的抗衡、对比效果以及强度。

（2）在对比双方的色彩属性不变的情况下，如果其中一方面积增大，取得控制优势，另一方缩小面积，色彩的对比将会被减弱（如图10-96）。

（3）色彩属性不变的情况下，伴随着对比色面积的增大，其对视觉的冲击力也增强，反之则削弱。这也是为什么色彩间的大面积对比可以造成炫目的效果的主要原因。

（4）色彩的面积越大，稳定性就越强，受到它色对比产生的影响就越小。面积越小，越容易造成视觉辨别的异常（如图10-97）。

（5）相同性质与面积的色彩，呈聚合状态分布时候，受它色影响小，注目程度高。呈分散状态分布时，色彩相互之间影响较大。比如在户外广告和巨幅的宣传画中，一般色彩都比较集中，以此达到引人注目的效果（如图10-98）。

二、色彩对比与位置的关系

（1）色彩对比中，对比双方位置越近，对比效果越强，反之则越弱。

（2）色彩对比中，色彩双方边缘接触、切入状态时，对比的效果较不接触、不切入状态时更为强烈（如图10-99）。

（3）当一个颜色被另一个颜色包围时，对比效果最为强烈（如图10-100）。

（4）在对象色彩中，视觉中心位置的色彩往往最吸引眼球，例如井字形交叉的4个交叉点。

图10-93　色彩面积对比练习1（作者：郑玉）

图10-94　色彩面积对比练习2（作者：陈会）

图10-95　《彩云之南》（作者：钱舒洁）

图10-96　对比双边某一方面积增大，取得优势，对比减弱

图10-97　色彩面积大稳定性强，反之则小

图10-98　色彩聚合的对比效果超过分散状态

图10-99　色彩双方边界接触时，对比效果强过不接触时

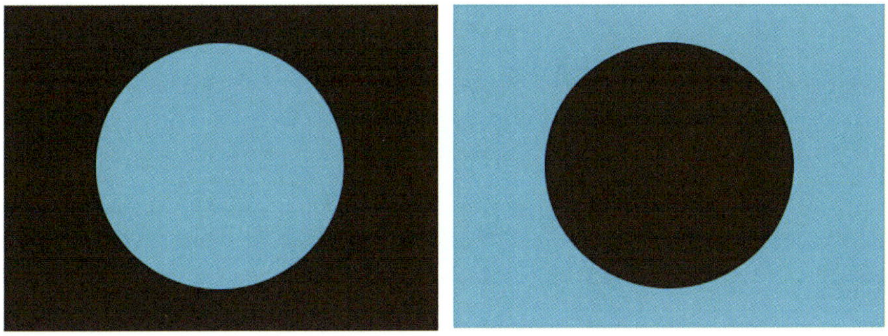

图10-100　色彩相互包围时候，对比效果最为强烈

图10-101 《红、蓝、黄》（作者：蒙德里安）

知识链接　《红、蓝、黄》

"色彩面积对比不单是色彩视觉的平衡，更有意义的是在绘画创造由面积大与小，集中与分散，并且在面积控制过程形成色彩面积的节奏。蒙德里安在《红、蓝、黄》的构图（如图10-101）框架中，集中使用红、蓝、黄构图三色，接近歌德划分的纯色相之间的面积和谐。"蒙德里安在他的这幅作品中，运用了不同颜色与大小的色块，由于各颜色和色块之间位置的协调以及画面色块间节奏感的营造，使得整个构图呈现出宁静和谐的视觉氛围。画面中较大面积的红色居于画面右上侧、少部分的蓝色放置画面的左下角。少部分黄色块的点缀，这样的画面安排，符合色彩重量的感受，有利于获得稳定的色彩构图。大面积的红色统领，通过无彩色黑白的调和以及蓝色、黄色的呼应，画面色彩明快，但又充满了节奏感和理性的思考。

课堂实训　色彩面积的对比练习

内容：对同一构图的4个画面中，分别用各色面积比的方法获得不同的画面色调。

要求和方法：根据创意需要，利用复写纸或其他方法，完成4张画面相同外形轮廓的描绘。然后分别在4张画面上填入不同面积比的色彩。完成后将4幅作品并置在一起，进行仔细的观察和比较。

第六节　色彩对比中的错视现象

错视现象是色彩对比中一种较为常见的现象，主要成因主要是由于人的眼睛在生理结构与机能所引起的。这种错视主要集中反映在色彩的膨胀感、进退感、冷暖感、轻重感、体积感等方面。错视现象并不见得是件坏事，在艺术设计中，我们可以巧妙地利用这种视觉错视现象为我们特别的配色创意所服务。

一、冷暖错觉

人们对色彩和温度的通感造就了冷暖色不同的心理感受，当固定明度灰色与两个颜色同时进行对比时，我们会发现，冷色对比下的灰色显示出暖意，而暖色对比下的灰色则显得冷意。

如图放置在红色环境中的灰色色块，显示出蓝色的色彩倾向。而放置在蓝色环境中的灰色块，则呈现出红色的色彩倾向（如图10-102）。

二、色相错觉

当某一色相碰到其他色相对比时，其色感会发生偏移，这就是色相对比产生的错视。

我们把相同色彩属性的橙色，分别放置在红色、黄色背景中时，红背景中的橙色偏黄，而黄背景中的橙色则偏红（如图10-103）。

三、明度错觉

两个不同明度的颜色放置在一起时，明度高的色彩显得更明亮，明度低的色彩显得更暗。

比如将同明度值的中灰色分别放在黑背景和白背景中，黑背景中的灰色显得亮一些，而白背景中的灰色显得暗一些（如图10-104）。

再比如，我们将等大的黑色正方形等距重复排列在白背景上时，我们会发现，在方块间隔的白色空隙处，出现模糊的灰色圆影（如图10-105）。

四、纯度错觉

在纯度的对比中我们发现，同一纯度的两个相同色块同时放置到高纯度背景和低纯度背景中时，前者纯度有被减弱了，后者纯度则有所提升（如图10-106）。

五、补色错觉

黄和紫、红和绿互为补色，当我们将其并置在一起的时候，会发现它们各自的特征会更加鲜明，这是因为，色彩产生不色残像相互重叠，增加了色彩对比的强度。

例如，将灰色放置红色背景中时，灰色呈现出泛绿的色彩倾向。将同一灰色放置在绿色背景中时，灰色呈现出泛红的色彩倾向（如图10-107）。

图10-102　冷暖错觉

图10-103　色相错觉

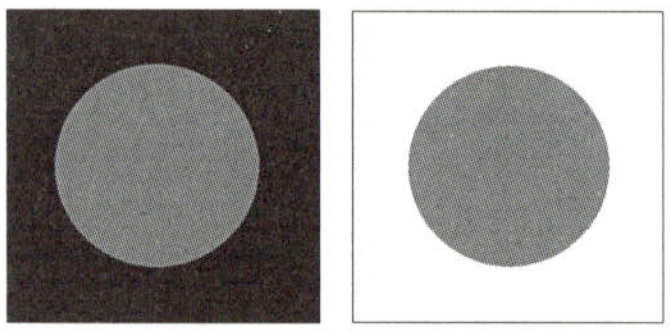

图10-104　明度错觉1

图10-105　明度错觉2

图10-106　纯度错觉

图10-107　补色错觉

六、面积错觉

面积错觉同样也是色彩对比引起的。同等面积大小的范围内分别填充某种暖色和某种冷色，发现暖色的色彩面积似乎要比冷色色彩面积更大一些。这是因为，在人的感知经验中暖色往往是代表温暖和明亮的，因此属于“膨胀色”，而寒冷、深暗的颜色属于“收缩色”。

在同样的面积范围内，填充总面积相同而单位面积大小不同的色块，其总面积的视觉效果也各不一样。填充色块少的一方，其总体面积显得大一些，而填出色块多的一方，其总面积显得稍小一些（如图10-108）。

七、距离错觉

在同等感测距离范围内，有些色彩看上去离我们要近一些，而有些色彩则离我们远一些，这是由色彩的波长和明度等多方面因素综合决定的。一般来说，波长较长的暖色和明度较高的色彩具有前向感，我们称之为“前进色”。波长较短、明度较低的色彩具有后向感，我们称其为“后退色”（如图10-109）。

八、重量错觉

色彩的对比同样能够产生重量的感觉。一般看来，明度低、纯度低的色彩，给人沉稳的感觉。而明度高、纯度高的颜色，给人轻快、活跃的视觉感受。

抓住色彩轻重感受这一特质，针对单薄、瘦小的物体予以明度、纯度低的颜色，增加其重量感。对于本身就很厚重的物体予以明度、纯度高的色彩，减轻其本深的重量感。

比如：为了减轻建筑沉稳、厚重的感觉，如果外墙选用明度高、纯度高的颜色，可以有效减弱建筑原有的厚重、沉稳的感觉。

图10-108　面积错觉

图10-109　距离错觉

知识链接

正负视觉残像

色彩的补偿现象也被视为视错现象中的一类，其原理是色彩对视觉的刺激作用突然停止后，该色在视觉中的映像并未立刻完全消失，这种现象就是“视觉残像”。其成因是视觉连续注视的结果，也是视觉生理自我调节的一种机制。视觉残像可分为正残像和负残像两种。

正残像又称“正后像”。就是某一物体对视觉的连续刺激忽然停止后，视觉暂时保留原有物色映像的视觉生理反应。正残像是神经正在兴奋而尚未完成时引起的。例如我们凝视一块高纯度的绿色，然后移开它，眼睛就会感受到绿色的后像。电视机、电影等技术，都是运用视觉正残像的原理让静止的单个画面快速移动、产生连续运动的视觉映像。

负残像又称“负后像”。就是某一物体对视觉的连续刺激忽然停止后，视觉暂时保留原有物色的补色映像的视觉生理反应。负后像则是视觉神经疲劳过度所引起的，因此它的反应与正后像相反。例如：当我们连续凝视一块高纯度红色超过两分钟以上时，移走红色，把视线转移到白色的墙面上时，会看到绿色的余像。负残像在生活中也被广泛地运用，在医院手术室，包括部分墙面在内的病床、工作服、口罩等都为蓝绿色，其作用之一就是，帮助医生缓解长时间注视血红色创口造成的视觉疲劳。

课堂实训

色彩错觉的实验

内容：准备数个乒乓球、色彩颜料以及A3纸数张，根据本节的几种错视现象，进行实验。例如：根据距离错视的原理，将乒乓球涂上具有代表性的红色、黄色、紫色、深绿，放置在黑色背景纸张上进行对比实验。

要求和方法：根据各组不同的错视实验主题，灵活使用材料。乒乓球为对比的主角，A3纸张为背景，色料用于着色。当然，也可根据实验的需求加入或删减实验材料。

第十一章
色彩的知觉

11

第一节　色彩的感觉

在实际设计中，几乎所有的色彩对比都是以综合对比的方式出现的，而色彩本身是没有灵魂的，它只是一种物理现象，但为什么人们却能感受到色彩的情感，这是因为人们长期生活在一个色彩的世界中，积累着许多视觉经验，一旦知觉经验与外来色彩刺激发生一定的呼应时，就会在人的心理上引出某种情绪。

无论有彩色的色还是无彩色的色，都有自己的表情特征。每一种色相，当它的纯度和明度发生变化，或者处于不同的颜色搭配关系时，颜色的表情也就随之变化。因此，想要在设计中很好地把握色彩的感觉，首先要了解色彩间所包含的各种各样的关系，即对色彩的感觉和心理。

一、色彩的温暖与寒冷

冷暖本来是人的皮肤对外界温度高低的一种感觉，色彩的温暖与寒冷的感觉即是色彩的温度感，通常也称之为色性。色性的产生主要在于人的心理因素，是由于人对自然界客观事物的长期接触和认识、积累了一定的生活经验而由色彩产生了一定的联想所反映出来的感觉。如太阳、火、烧红的金属等等，本身温度很高，它们反射出的红色橙色光有导热的功能，可以将空气、水和其他物体的温度升高，人的皮肤会感受到它的热度。大海、蓝天、远山、雪地的环境，是反射蓝光最多的地方，蓝光不导热而有吸热功能，这些地方总是冷的（如图11-1、图11-2）。

以上这些人们的生活经验和积累，使人的视觉、触觉及心理活动之间有一种特殊的、类似条件反射的下意识的印象联系。这时视觉成了触觉的先导，一看见红橙色光就会联想和感应到暖和热。一看见蓝色，心里就觉得冷，皮肤也会发凉。

图11-1　暖色组合（作者：杨健婉）

图11-2　冷色组合（作者：杨健婉）

所以一般而言，我们平时看到的红、黄等色属于暖色，而蓝、紫等色属于冷色系列。熟褐、赭石、绿等颜色一般我们把它们统称为中性色。这里比较有争议的是绿色的归属问题。绿色这个颜色之所以把它归为中性色是由于它可冷可暖。绿色当中蓝色的成分偏多的时候，它会呈现出偏冷的感觉。如果绿色往黄色那边靠得比较近的时候，它又让人感觉比较暖。所以，我们把它定为一个中性色。黑白二色也属于中性色的范围。

同时，我们也要注意色彩冷暖存在着相对性这一原则。比如，红色相对于蓝色来说它属于暖色。但同样红色之间的比较中，有偏冷的红偏暖的红。同样任何一种颜色当中，都有冷暖上的差异性。理解这一原则我们就不难理解在作画过程中应该如何去画暖色物体时上的冷色，其实并不是一定要那个颜色是冷的，而是相比较固有色来表现有些偏冷的感觉。反之，冷色亦如此。总之，冷暖是色彩关系中的一个重要方面，也是我们在设计中最具表现魅力的关键点。

二、色彩的前进与后退

正是色彩具有冷暖关系，因此颜色对比上存在着一定的空间暗示。比如一般情况下人们会感觉到暖色向前而冷色向后，比如远山一般都是略带蓝紫等冷色。可以说距离的知觉经验告诉我们，天高、海深、地宽、山远，它们远离我们。家人、庭花、房间里的东西离我们很近，它们的色彩也使我们觉得近，但同时我们还是要比较地看色彩前后的问题。主要是看色彩的对比性，对比强烈的色彩向前，对比减弱的色彩退后（如图11-3）。

色彩的前进、后退感与色彩对比的知觉度有关，凡对比度强的色彩具有前进感，对比度弱的色彩具有后退感。膨胀的色彩具有前进感，收缩的色彩具有后退感。明快的色彩具有前进感，暧昧的色彩具有后退感。高纯度之色具有前进感，低纯度之色具有后退感。色彩的前进、后退感形成的距离错视原理在设计中常被用来加强画面空间层次，如画面背景退远可选择冷色，用这样的设计方法来突出主题或是主体物，色彩对比度也应减弱。为了使前景或主体突出应选择暖色，色彩对比度也应加强。此外，从色彩的面积大小来说，大面积的颜色具有前进感，小面积的颜色具有后退感。

六种标准色的距离感按由近而远的顺序排列是：黄、橙、红、绿、蓝、紫（如图11-4）。

三、色彩的兴奋与沉静

色彩的兴奋与沉静也叫作色彩的积极或消极，这和色相、明度及纯度都有关系，其中尤以纯度影响最大。纯度高的色彩自然很不稳定，也就无法给人平静的感觉。色相中红、橙、黄等暖色是最令人兴奋、积极的色彩，而蓝、蓝紫、蓝绿等，给人的感觉沉静而消极。

图11-3　前进色与后退色组合

图11-4　六种标准色由近而远的排列

我们看到色环中的暖色系，明亮而鲜艳的颜色，给人以兴奋感。深暗而混浊的颜色，给人以沉静感。积极向上的色彩，能使人产生一种兴奋、热烈、努力进取和富有生命力的心理效应，例如国旗的色彩。消极的色彩，则适合表现一种沉静、郁闷和失落的心理效应。红、橙、黄等暖色系列的纯色，给人以兴奋感，易表现快乐的情绪。蓝、蓝绿等冷色系的纯色，给人以沉静感，常常使人联想到和平、安静、休息和生机盎然，它还是一种使人镇静的颜色。黑白对比强烈的色彩，给人以紧张感。灰色及彩度低的色彩，给人以和谐而舒适的感受。

设计者对于兴奋感与沉静感的色彩运用要根据设计物的功能和对象，不能一概而论。由于冷暖对比的原因，在色彩的兴奋与沉静感的对比上差别是很明显的。因为色彩的兴奋感与沉静感有其社会学因素，由于政治、经济、历史、文化、宗教信仰和风俗习惯不同，不同国家、民族对色彩的心理效应是有所不同的。这就要求我们对待不同的物象要有不同的创意，以适合不同的人群。如有的设计应该选择沉静一些的配色，而娱乐、体育等产品的设计则应该倾向于兴奋一些的配色。

此外，运用色调的兴奋感，还可以引起人们观看的兴趣。红、橙、黄等暖色调以及对比强烈的色彩对人的视觉冲击力强，给人以兴奋感，能够把人的注意力吸引到广告画上来，使人对广告产生兴趣。蓝、绿等冷色以及明度低、对比度差的色彩，虽不能在一瞬间强烈地冲击视觉，却给人以冷静、稳定的感觉，适宜表现高科技产品的科学性、可靠性（如图11-5）。

四、色彩的轻与重感

当把等大而重量相等的三个物体，其中一个涂灰色，一个涂黑色，一个保留白色，这时给人的感觉一定是涂黑色的显得最重，灰色的次之，白色的最轻。色彩的轻重感觉，是物体色与视觉经验而形成的重量感作用于人心理的结果。因而，物体表面的色彩不同，看上去也有轻重不同的感觉，这种与实际重量不相符的视觉效果，称之为色彩的轻重感。

决定色彩轻感觉的主要因素是明度，即明度高的色彩感觉轻，明度低的色彩感觉重。其次是纯度，在同明度、同色相条件下，纯度高的感觉轻，纯度低的感觉重。明度高的色彩，使人联想到蓝天、白云、等，产生轻柔、飘浮、上升、敏捷、灵活等感觉，因此感觉轻。明度低的色彩，使人联想到钢铁、石头等物品，产生沉重、沉闷、稳定、安定、神秘等感觉，因此感觉重。感觉轻的色彩称为轻感色，如白、浅绿、浅蓝、浅黄色等。感觉重的色彩称重感色，如藏蓝、黑、棕黑、深红、土黄色等。

色彩给人的轻重感觉在不同行业的设计中有着不同的表现。例如，工业、钢铁等重工业领域，可以用重一点的色彩。纺织、文化等科学教育领域，可以用轻一点的色彩。

在艺术设计中，还应注意色彩轻重感的心理效应。如在网站设计中，色彩设计上灰下艳、上白下黑、上素下艳，就有一种稳重沉静之感。相反上黑下白、上艳下素，则会使人感到轻盈、失重、不安的感觉。如人们为了使“压路机”更具沉重感，铸铁碾磙外观仍保持了黑的本色。以淡绿色代替黑色

图11-5　兴奋色与沉静色的组合对比（昵图网）

作为包装箱的装饰色，可使装卸工人感到轻松些，工效也会有所提高（如图11-6、图11-7）。

五、色彩的柔软与坚硬感

色彩之所以会有柔软和坚硬的表现，是由色彩的明度和彩度而显现的一种感觉。一般来说，明度高、彩度低的色会产生柔软、亲切的感觉，而明度低、彩度高时则会给人坚硬冷漠的感觉。也就是说，色彩明度高的显软，色彩明度低的显硬。高调子的配色显软，低调子的配色显硬。在色彩方面，中彩度色彩有柔软感，高彩度的鲜艳色和低彩度的灰暗色有硬的感觉。暖色系较软，冷色系较硬。而在无彩色中，黑色与白色给人以较硬的感觉，而灰色则较柔软。要注意的是，色相与色彩的软硬感几乎无关。在艺术设计中，可利用色彩的软硬感来创造舒适宜人的色调，把握好色彩的软硬，可以更好地实现设计中视觉传达的效果。

一般来说，设计中的软色调给我们明快、柔和、亲切的感觉，这在女性用品、化妆品的设计中尤为常见。

还有，我们在设计鲜美的食品类网站时，要多使用柔软色配置，而设计家电、五金等网站时，使用硬色，则给人一种坚实、牢靠的感受（如图11-8）。

六、色彩的华丽与朴素感

色彩的华丽与朴素感与纯度关系最大，其次与明度也有关。凡是鲜艳而明亮的色最具有华丽感，凡是混浊而深暗的色具有朴素感。有色彩系具有华丽感，无色彩系具有朴素感。强对比色调具有华丽感，弱对比色调具有朴素感（如图11-9）。

图11-6　色彩明度上的轻重对比（素材CNN）

图11-7　重感色与轻感色的组合对比（素材CNN）

图11-8　坚硬色与柔软色的组合对比（素材CNN）

图11-9　华丽色与朴实色的组合对比（素材CNN）

彩度高的色彩，暖色系的色彩给人感觉华丽、喜庆，易刺激人的情绪。彩度低的色彩，冷色系的色彩给人以朴素、平实之感。如果使用不当或一味追求与众不同，也可能会使人感到沉闷。明色华丽，暗色朴素，金银色等光泽色虽然华贵，但用之过分，也会显得俗气格调低，要适可而止，谨慎使用，要注意用无彩色（黑、白）、中性色或灰色系进行调节。

七、色彩的易视性

一般来说，色彩的易视性，是指色彩能否被看清楚的特性。色彩的可视性往往在色彩搭配中才能表现出来，同时会因图背景、面积、明度、亮度、纯度产生变化。一般来说，色彩明度越高，纯度越高，面积比例越大，可视性越好。色彩搭配的时候，色彩的属性差别越大，瞩目的可能性也就越大，尤其明度差是决定易视性的最主要因素（如图11-10）。

图11-10 几种可视性强的色彩搭配

下表是纯色在黑色与白色背景上的易视性顺序：

背景 \ 顺序	1	2	3	4	1	2	3	4	1	2	3
黑	黄	黄橙	黄绿	橙	红	红紫	绿	蓝绿	蓝	蓝紫	紫
白	黄	蓝紫	蓝	蓝绿	绿	红紫	红	橙	黄绿	黄橙	黄

课堂实训

1. 冷暖空间构成

目的和要求：利用色彩的冷暖对比体现色彩的空间感，其中要包括线性透视、空间透视、面积的大小，形状和位置等要素。

数量和尺寸：4～6组，放置于A4纸中。

2. 软和硬的色彩构成

目的和要求：运用色性和调性的心理特征，表现成对的色彩概念。

数量和尺寸：2～4组，放置于A4纸中。

3. 兴奋与沉静的色彩构成

目的和要求：运用色性和调性的心理特征，表现成对的色彩概念。

数量和尺寸：4～6组，放置于A4纸中。

4. 华丽与朴素的色彩构成

目的和要求：运用色性和调性的心理特征，表现成对的色彩概念。

数量和尺寸：4～6组，放置于A4纸中。

5. 色彩的易视同构表现

目的和要求：自由选择几个词，然后根据自己的理解选择与之相适应的色域、构图和形态，使色和形尽可能准确而形象地表达主题。

数量和尺寸：4～6个，放置于A4纸中。

第二节　色彩的心理

色彩感受往往是通过心理来判断的，而人的心理活动是一个极为复杂的过程，有各种不同的形态所组成，如感觉、知觉、思维、情绪、联想等，而视觉只是感觉中的一种。因此，视觉感受到的形和色在作用于心理时，并非是对某物或某色的个别属性反应，而是一种综合的、整体的心理反应。色彩联想更带有情绪性的表现，受到观察者社会层次的不同知识、年龄、民族、国家、性别、性格、文化、职业、宗教、生活环境、时代背景、生活、经历等各方面因素的影响。

此外，色彩的联想有具象和抽象两种表达方式，即具象联想和抽象联想。人们看到某种色彩后，会联想到自然界、生活中某些相关的事物。人们看到某种色彩后，会联想到理智、高贵等某些抽象概念。因此，对色彩心理的研究，可以帮助我们更深入地认识色彩，以便更好地运用色彩。

一、色彩与音乐

18世纪牛顿发现了光的粒子性质以后，不久人们又认识到光的波动性质，并从白色光中析出了7种色彩，即红、橙、黄、绿、青、蓝、紫。从此，人们就试图找出音频与光波之间的联系规律。

而在历史上，人们常把不同风格的作曲家的作品与色彩联系起来。这些颜色几乎成了他们的外化标志和特征。比如莫扎特的音乐是蓝色的，肖邦的音乐是绿色的，瓦格纳的音乐则闪烁着不同的色彩。

可以说，色彩与音色同样能给人以明朗、鲜明、温暖、暗淡等感觉。有许多音乐家把音乐与颜色相比拟，即通过“相似联想”或“关系联想”，在不同事物之间建立起某种关系，把它们分别联系起来。例如，在欣赏交响乐时，我们可以想象：明朗的长笛声部吹出了蓝色的天空，而从单簧管那纯净而优美的音色中似乎呈现出了玫瑰花一般的美丽色彩……这种音色与颜色的联想，是人们在艺术欣赏中逐渐获得的。

的确，色彩与音乐之间的联想产生于生活实际和艺术实际。有了这些联想，人们可以在色彩设计和欣赏过程中得到更加形象的多彩的艺术感染力。现代抽象艺术的奠基人康定斯基就是一个成功的典范，音乐在康定斯基的艺术修养中占有很大的分量。中学时代的康定斯基就是一名优秀的大提琴手，有很深的音乐造诣。同时，19世纪德国著名的作曲家瓦格纳的浪漫主义歌剧，也对他产生了很大的影响。在康定斯基的抽象艺术作品中，色彩和点、线、面这些视觉艺术元素成为他谱写色彩交响乐的最基本构件。他把色彩当成一个个音符，把点、线、面作为联系这些色彩的符号。因此，欣赏康定斯基的抽象艺术作品。不啻为用眼睛来“聆听”色彩谱写的交响乐章（如图11-11）。

德国画家保罗·克利也是一位用色彩创作音乐的大师，他作品中词语、字母、数字及符号的内涵经常影射到了音乐和诗歌，他充分利用媒介和发明词汇的技巧，自由灵动地将抽象与描写、线条与色彩、艺术与著作、个人与宇宙、大与小等表现得淋漓尽致（如图11-12）。

二、色彩与味觉

饮食文化讲究色香味俱全，其中色彩排在首位，可以说色彩与味觉的关系非常受人重视。因为，适当的色彩可以促进人们的食欲，有色彩变化搭配的食物，容易增进食欲，而单调或者杂乱无章的色彩搭配，则使人倒足了胃口。同时，心理学家认为，明色的食物一般比暗色调的食物更容易令人产生食欲（如图11-13）。

不同彩色光源的照射也会对食品色彩产生很大的影响，从而引起人们不同的食欲反应。农贸市场中许多出售肉食的摊位用红色玻璃纸包裹灯泡，用红色灯光照射食物，就是为了使肉食看上去更加新鲜，引起人的食欲。

从色相上来分，红橙色通常给人苦辣的感觉，黄色则代表甘甜，蓝绿色表示酸味，紫色意味着腐臭，白色平淡，黑色味浓。

在食品类商品的设计上，色彩引起食品的味感有重要作用。人们一见到红色的糖果包装，就会感到甜味。见到清淡的黄色用在蛋糕上，就会感到有奶香味。不同口味的食品，采用相应色彩的设计，能激起消费者购买欲望，取得好的效果。

三、色彩与形状

形状有其自身的“伦理美学”，有其表现价值。在一幅作品里，形状和色彩的这些表现特性是同时发生

图11-11 《震动》（作者：康定斯基）

图11-12 《鱼的循环》（作者：保罗·克利）

图11-13 DOISY & DAM巧克力包装（搜狐网）

作用的，就是说，形状和色彩的表现力是相辅相成的。

同时色彩也具有各自的几何形状特性，如果能和形状结合起来，可以加强本身的特性，正如红、黄、蓝是三种基本色彩那样。三种基本的形状——正方形、三角形和圆形也可以确定为具有突出表现价值的形状。

正方形的实质是同样长度的两条横向线和两条垂直线的交接，它象征物体、重力和严明的限度。正方形相当于红色，红色是个重要色彩。红色的重量和不透明性，同正方形的静止和庄重的形状相一致。

三角形的本质就是三个交接的对角线，它的锐角产生一种好斗和进取的效果。三角形同一切有对角线特点的形状相似，如长斜方形、不等四边形、锯齿形以及由它们派生出来的形状。它是思想的象征，在色彩中，它的无重量的特点，同明澈的黄色相称。

圆就是一个以不变的距离绕着平面上一个给定点而运动的轨迹，同正方形所产生的尖锐紧张的运动感相比，圆产生一种松弛平易的运动感。它是一种精神象征，在它自身之内完整地进行运动。圆形包括一切具有弯曲的、轮环特点的形状，如椭圆形、卵形、波形、抛物线形以及由它派生出来的形状。不断移动的圆形，同色彩中的透明蓝色相一致（如图11-14）。

如果我们寻求同间色相适应的形状，就会为橙色找到不等边四边形，为绿色找到球面三角形，为紫色找到椭圆形。

对包豪斯设计教育体系有重要影响的艺术家康定斯基在教学中就非常重视形式与色彩的细节关系。他要求学生设计色彩与形体的单体相联系，然后把这些单体进行不同的组合，从中研究形体与色彩的结构方式和产生的艺术效果。他的教学从完全抽象的色彩形体理论开始，然后逐步把这些抽象的内容与具体的设计联系起来（如图11-15）。

四、色彩与个性

色彩是美感产生的重要源泉之一，由物体的色彩而引发的视觉，对审美心理有着特殊的意义。色彩对人的心理和情绪行为都有着十分重要的影响，心理学家发现，在色彩与个性之间也存在着某种微妙的关系。

首先，具有某种个性的人，对某些色彩会有所偏爱。在现实生活中，色彩随处可见，而人们对色彩的感觉却有着相似的体验。在心理学研究中，人们发现，颜色对人情绪的影响呈现出一定的规律。如，红色给人一种热情、奔放的感觉；橙色给人一种温暖快乐的感觉；黄色给人以光明和希望的感觉；绿色给人一种平和、安静、青春、健美的感觉；灰色给人一种端庄、安静、朦胧的感觉；蓝色给人一种柔和、朴实、清秀的感觉；黑色给人稳重、紧张、沉闷的感觉；白色则给人淡雅和纯洁的感觉；金色象征着富丽堂皇、荣华富贵；紫色给人以庄严、高贵、孤独、优美的感觉；青色表示沉静、冷淡、理智，象征着高深、博爱。而不同个性的人，往往偏爱、喜欢不同的颜色，这从他们日常的衣着上可以得到反映。如外向、开朗、大方的人，往往选择艳丽的服饰，如红色、橙色等。而内向、文静的女孩，则多穿着白色、蓝色的服装。对自己缺乏足够信心、忧郁严肃的女孩，一般喜欢黑色、灰

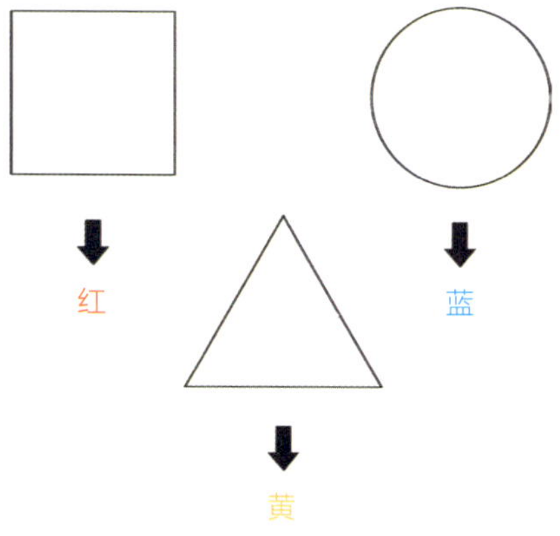

图11-14　三个基本形分别对应的颜色

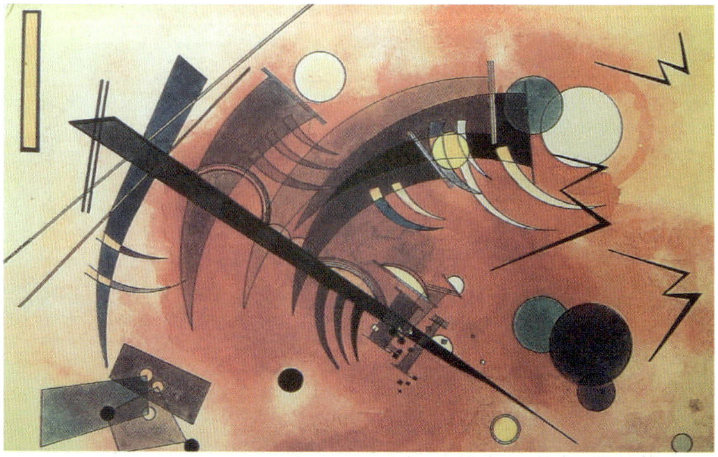

图11-15　《温火煮沸》（作者：康定斯基）

色。而浪漫、好幻想的女孩，更钟爱蓝色、紫色。色彩可以唤起人们某种心理和情绪，而不同个性的人在日常生活中也会表现出一定的心境与情绪，当两者相通时，对色彩的偏爱便形成。

其次，通过对色彩的选择，也可以表现出人们的内在个性，如气质、性格等。当我们与一个陌生人初次见面时，我们常常根据他的外部特征对其内部个性做出判断，其中，服饰是一个重要的依据。除了款式之外，我们对服饰的感觉多来自颜色。一个穿着红裙子的女孩，我们倾向于认为她是一个快乐、热情、奔放，有着火一样性格的人，而这种感觉，决定了我们与之如何进行交往。如果我们面前站着穿一身黑衣黑裙的女孩，我们会不知不觉地严肃庄重起来，并倾向于把对方看作一个内向、严谨的女孩。人们对颜色形成的刻板印象，影响了人们的人际知觉，但是，从某种意义上来说，这种印象的形成确实有一定的依据。那就是，人们对色彩的选择，确实可以反映出一定的个性特征。

最后，个性与色彩的关系并不是绝对的，有时人们对色彩的选择，也会受到情境的影响，而某种色彩，在不同的文化和地域底蕴中所表达的含义亦不同。在中国，红色很受欢迎，往往与"力量""生命"这些词相联系。而在非洲，如尼日利亚，红色则被认为是一种不吉利的颜色。在金融界，红色更是禁忌的颜色。在英国，白色象征尽善尽美和纯洁。相反在中国，白色用来办丧事，象征西天极乐世界。

五、色彩与情绪

科学家研究认为：色彩对人的情绪的确影响很大，色彩作用于人的感官，刺激人的神经，进而在情绪心理上产生影响。现在的生活中，人们越来越多地受到色彩的影响，家居设计非常讲究色彩与色调的搭配。有人提出：孩子性格的形成，也受居住环境色彩的影响。

颜色之所以能影响人的精神状态和心绪，在于颜色源于大自然的先天色彩。心理学家认为，人的第一感觉就是视觉，而对视觉影响最大的则是色彩。蓝色的天空、鲜红的血液、金色的太阳……看到这些与大自然先天色彩一样的颜色，自然就会联想到与这些自然物相关的感觉体验，这是最原始的影响。这也可能是不同地域、不同国度和民族、不同性格的人对一些颜色具有共同感觉体验的原因。

比如，红色通常给人带来这些感觉：刺激、热情、积极、奔放和力量。而绿色是自然界中草原和森林的颜色，有生命永久、理想、年轻、安全、新鲜、和平之意，给人以清凉之感。蓝色则让人感到悠远、宁静、空虚等。随着社会的发展，影响人们对颜色感觉联想的物质越来越多，人们对于颜色的感觉，也越来越复杂。

课堂实训

1. 音乐的色彩构成

目的和要求：听音乐，然后用对音乐的感受做出一幅色彩构成。构图可以采用点线面、规则和不规则图形构成，可以用自然风景和其他物体来表达。

数量和尺寸：2个，放置于A4纸中。

2. 色彩的异质同构表现

①味道的表现

②形状的表现

③任意词组的表现，如优美、恐怖、崇高、悲壮、快乐、伤心等。

目的和要求：色彩的自由表现性构成，旨在调动人们的所有感官对色、形的知觉，从特定的形色关系中，体会复杂的色彩心理表现。要重点突出色彩发生在心理效应方面的作用，然后根据自己的理解，选择与之相适应的色域、构图和形态，使色和形尽可能准确而形象地表达主题。

数量和尺寸：4～6组，放置于A4纸中。

第十二章

构成在设计中的运用

12

如何用艺术的眼光，从艺术造型的角度设计、安排适宜设计元素，将设计元素概括为简单抽象的点、线、面，并按照形式美法则，组织、安排、运用到现代艺术设计当中，都可以在构成的原理和方法中得到解答。

第一节　平面构成在设计中的运用

平面构成，是研究在二次元的空间内按照形式美的法则进行分解、组合来构成理想的形态，是最基本的造型活动之一。平面构成，在培养设计的创造力和基础造型能力中起到重要的作用，其构成形式包括：重复、渐变、近似、特异、发射、对比等。平面构成，按照美的视觉效果、力学的原理，进行编排和组合，以理性和逻辑推理来创造形象、研究形象与形象之间的排列的方法，是理性与感性相结合的产物。

一、重复

指同样的造型重复出现的构成方式。在室内设计中，重复构成的应用十分广泛，重复构成能产生统一协调的观感，也易产生单调乏味的效果。因此，在排列时要注意它们之间的方向和空间变化。在平面设计中重复构成的应用也很多，如：图12-1利用平面构成中重复与渐变原理，成功地增强画面的视觉冲击，突出了设计表现的主题。图12-2则利用重复与特异的原理，突出设计中表现的主题和重点。图12-3则以

图12-1　美国联邦快递海报设计（微博网 顶尖创意百科账号）

图12-2　Randon Shaeffer电影海报设计（设计之家）

图12-3　公益海报设计（百度网）

密集的重复与稀疏的对比，形成视觉上的冲击和变化。

二、发射

形状围绕一个或几个共同的中心排列，在自然生活中像太阳的光芒、绽放的花朵等都呈发射状。发射具有强烈的焦点和光芒感，富有节奏和韵律。在室内设计中，发射的构成原理常应用到灯具的设计上。图12-4海报中发射的图形设计，产生强烈的节奏和韵律，形成画面的焦点。

三、对比

对比是相互比较，求差异，使互异的地方强调、突出。在设计实践中，设计元素的选择与安置就要运用到对比的构成原理，追求统一协调。首先应考虑整体布局的对比关系是否合理和充足，在元素的选择与安置上，可以从统一协调的方面来考虑，即在不突出主体物本身的造型、色彩的同时，使各个元素成为统一协调环境的因素之一。图12-5密集与稀疏的对比，线与面的对比，形成视觉上的冲击和变化。

第二节　色彩构成在设计中的运用

色彩构成从人对色彩的知觉和心理效果出发，按一定的色彩规律去组合、搭配，构成新的理想的色彩关系。在艺术设计中，色彩搭配的好坏直接影响到整个设计的风格，理想的色彩，能给人舒适感，从心理上让人放松、心情舒畅（如图12-6）。

一、对比

色彩对比是两种或两种以上颜色在空间或时间上相互比较的关系，主要是色彩三要素对比、冷暖对比、面积对比等。根据不同的设计，色彩对比的强弱也不同。如在室内空间设计中，面积较小应弱化陈设品色彩对比，多运用明度较高、纯度偏低的色彩，使室内在视觉上达到空间开阔的效果。若室内空间较为开阔、色彩运用较为单一、缺少层次，可在家具或小件织物的色彩上，选择不同的、富有变化的色彩，增加色彩对比度，丰富室内层次，活跃整个室内氛围。

由赖旭东设计的重庆美丽厨房长嘉汇店，将重庆本地“美女、美食、美景”三美文化融入其中。

图12-4　萨奇几何品牌海报设计（花瓣网）

图12-5　LAS VEGAS旅游海报设计（微博网）

黄色、蓝色和白色的桌椅，在金属的光泽和木质的素雅中形成强烈对比，大面积采用不同深浅的灰色作为过渡，运用暖色灯光饰以点缀，使整个空间营造出“色”与“形”完美融合，形成视觉上的变化与统一。以设计细节的品质感，雅致的配色，烘托餐厅的小资情结，为高端餐厅注入全新的活力（如图12-7、图12-8、图12-9）。

二、调和

有对比就有调和，色彩调和是指两个或两个以上的色彩，有秩序、和谐地组织在一起。色彩调和的原理和方法主要有：同一调和构成、类似调和构成等。在现代商业色彩搭配中若对比过强，容易使人产生视觉疲劳，这时可运用同一调和构成，在强烈刺激的色彩中都混入同一色，增加各色的同一因素，达到调和感强的色彩。还可以运用互混调和，混入对方的色彩，或点缀同一色调和，可在陈设品的小面积抽象或具象图案中，运用对方的色彩或同一种色彩，达到调和的目的（如图12-10）。

Disney Junior是一个针对儿童群体的游戏网站，设计者使用蓝色作为主色调，饰以绿、黄、橙、红、紫等亮丽鲜明的暖色进行搭配，使整个页面的设计显得醒目活泼、生动可爱，适合儿童的年

图12-6　室内空间色彩设计1（站酷网）

图12-7　室内空间色彩设计2（搜狐网 AXD空间艺术账号）

图12-8　室内空间色彩设计3（搜狐网 AXD空间艺术账号）

图12-9　室内空间色彩设计4（搜狐网 AXD空间艺术账号）

龄和色彩的审美心理特征（如图12-11）。

在包装设计的视觉表现中，色彩的共性与个性，既有各自独立的内涵，又是相互照应、相互结合的。削弱色彩格调的个性化表现，无异于削弱其产品的市场竞争力。但是，对产品的色彩表现如果脱离大多数人共同认识的基础，或是不能唤起人们产生合乎一定商业目的的感受，这种完全脱离一定共性要求的个性，即使再独特也是不成功的。所以，既要有一定的共性典型性，又要有独特的个性化色彩，这种包装才能在市场竞争中立于不败之地（如图12-12、图12-13）。

第三节　立体构成在设计中的运用

立体构成注重对各种较为单纯的材料的研究和提高对立体形态的形式美规律的认识，对立体构成的学习，有助于培养良好的造型创造力和想象力。而绝大多数产品设计，从本质上理解就是立体的造型活动。

一、线材在现代设计中的运用

从概念上讲，线具有长度和方向，在视觉上表达方向性。线材分为硬线材和软线材，其构成形式也分为框架结构、垒积构造和编结构成、伸拉结构等。在现代设计中处处可体现出线的运用，无论是直线还是曲线，都能尽显其韵律感和节奏感。以家具中座椅的设计为例，哥特式风格的“马丁王银座”座椅的靠背，强调垂直向上渐变的线条（如图12-14），分离派的麦金托什，后来设计了许多高直式的座椅，座椅的线条均是用水平线与垂直线，使直线式座椅风行一时（如图12-15）。随着社会的进步，人本主义思想的深入人心，新材料、新技术、新工艺的出现，在座椅的设计中，冷漠外观的直线式逐渐被委婉流畅的曲线所代替，无论是柯布西耶的躺

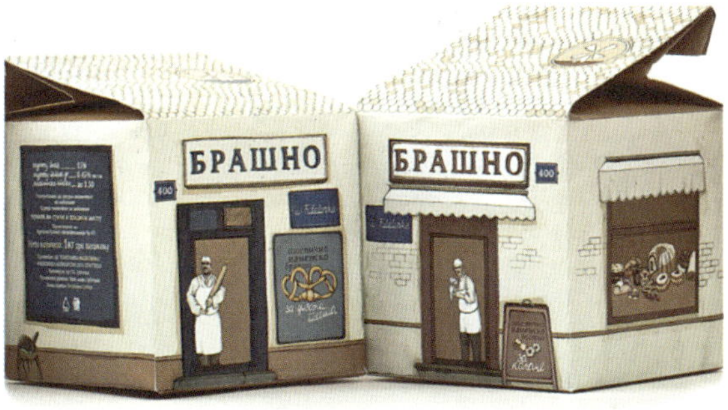

图12-10　Fidelinka面粉包装设计（花瓣网）

图12-11　Disney junior网页设计（海淘科技网）

图12-12　Pams趣味糖果包装设计（搜狐网 壹城品牌设计账号）

图12-13　瑞士绝对伏特加包装（作者：田娜）

椅，布留尔的钢管桌椅，还是密斯·凡德罗的巴塞罗那椅，均以简洁的结构，流畅的曲线受到人们的青睐。很多室内陈设品，如灯具也巧妙地运用了曲线（如图12-16、图12-17）。

二、面材在现代设计中运用

面有长度和宽度，还有深度，但深度受一定尺寸制约，具有平整性和延伸性。面的最大特征是可以辨认形态，它的产生是由面的外轮廓线确定的，面材的构成形式，主要有面材的立体插接构成、面材折叠构成等。商店室内展示台的设计，就经常运用到插接构成。它是将面材裁出缝隙，然后相互插接，这主要是相互钳制，而不是靠摩擦力来维持形态，传达出非常简约的设计风格（如图12-18）。

图12-14　马丁王银座（无忧文档网）

图12-15　麦金托什设计的高靠背椅（新浪博客网）

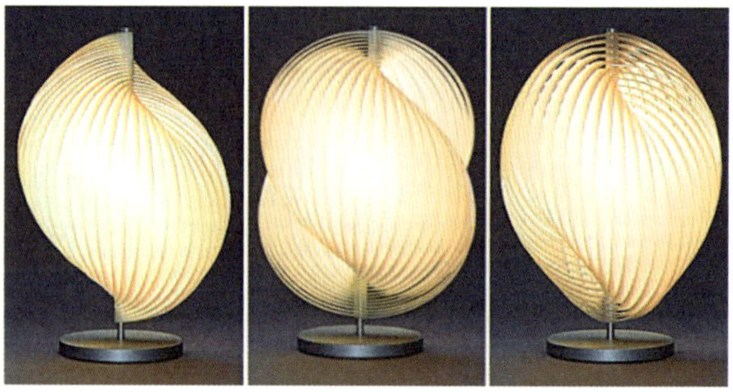

图12-16　以线材为造型的灯具设计1（TECNOLUMEN品牌）

图12-17　以线材为造型的灯具设计2（TAG灯具品牌）

图12-18　以面材为造型的展示台设计（花瓣网）

三、块材与室内设计

块材是立体造型最基本的表现形式，它是具有长、宽、高三维空间的封闭实体。在形态上，它具有几何体和自由体等。自由体的范围较广，从自然界中的植物花卉到海边的沙石和海螺都是有机形态的体现。

在现代的座椅设计中，有机形态越来越受设计师的欢迎，经典的雅各布森的“蛋椅”“蚁椅”“天鹅椅”，以及“花朵椅”“嘴唇椅”，无不反映出在经济发达的工业文明社会里人们对自然形态的追求和渴望。在崇尚“人性化”设计的今天，设计师应该更多地了解有机形态，从自然界中得到灵感，设计出人们喜爱的产品（如图12-19至图12-23）。

图12-19　蛋椅（作者：雅各布森）

图12-20　蚁椅（作者：雅各布森）

图12-21　天鹅椅（作者：雅各布森）

图12-22　花朵椅（觅元素网）

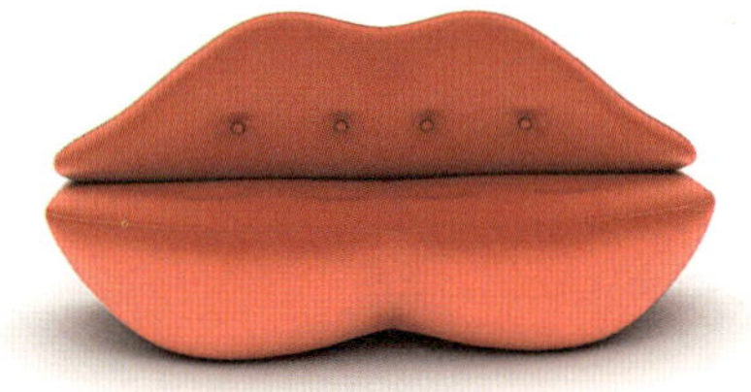

图12-23　嘴唇椅（易图网）

课堂实训

1. 排版练习

目的和要求：从点、线、面的角度截取元素，并用这些元素进行分类与版式编排。选材可以考虑针对某个主题，同时考虑画面色调。

数量和尺寸：2个对页，表现在A4纸上。

2. 图形置入

目的和要求：选择一种或几种载体，设法将构成设计的“图形”置入所选择的载体之中。

数量和尺寸：2组，各8个设计，表现在A4纸上。

参考书目

1. 张焘 主编.《平面构成设计》[M]. 湖北：武汉出版社，2010，8
2. 【英】E.H.贡布里希/编著.《秩序感》[M]. 范景中，杨思梁，徐一维/译. 湖南：湖南科学技术出版社，2003.1
3. 李超德 著.《设计美学》[M]. 安徽：安徽美术出版社，2004.9
4. 王家民编著.《中国艺术设计概论》[M]. 北京：中国文联出版社，2006.10
5. 田自秉 著.《中国工艺美术史》[M]. 北京：东方出版社，2004.2
6. 鲁道夫 · 阿恩海姆《视觉思维——审美直觉心理学》[M]. 腾守尧译.北京：光明日报出版社，1987.2
7. 陈祖展 主编.《立体构成》[M]. 北京：清华大学出版社，2011.1
8. 俞爱芳 著.《立体构成》[M]. 浙江：浙江人民美术出版社，2010.1
9. 许之敏、陈永平著.《立体构成（第三版）》[M]. 北京：中国轻工业出版社，2011.6
10. 【日】富永让 编著.《勒.柯布西耶的住宅空间构成》[M]. 刘京梁译. 北京：中国建筑工业出版社，2008.1
11. 【日】原口秀昭 编著.《路易斯.I.康的空间构成》[M]. 徐苏军、吕飞译. 北京：中国建筑工业出版社，2007.11
12. 王丽云 著.《构成进行时——空间形态》[M]. 江苏：东南大学出版社，2010.5
13. 琼斯 · 伊顿 编著.《形式与设计》[M]. 上海：上海书画出版社，1991.3
14. 汪芳 编著.《平面构成教程》[M]. 上海：浙江人民美术出版社，2005.2
15. 范小春，周小瓯 编著.《色彩构成教程》[M]. 上海：浙江人民美术出版社，2004.9
16. 黄国松 编著《色彩设计学》[M]. 北京：中国纺织出版社，2003.3
17. 王受之 编著《世界现代设计史》[M]. 北京：中国青年出版社，2002.9
18. 尹定邦 编著《五大构成》[M]. 沈阳：辽宁美术出版社，2000.8
19. 鲁道夫 · 阿恩海姆 编著《艺术与视知觉》[M]. 北京：中国社会科学出版社，1984.3
20. 曾俊 编著《设计基础》[M]. 重庆：西南师范大学出版社，2000.7
21. 赵殿泽 编著《构成艺术》[M]. 沈阳：辽宁美术出版社，1993.6
22. 满懿 编著《平面构成》[M]. 北京：中国人民大学出版社，2004.6
23. 王安霞 主编《构成设计》[M]. 武汉：武汉理工大学出版社，2006.9
24. 刘海波 编著《立体构成》[M]. 重庆：重庆大学出版社，2005.7